WISSEN KOMPAKT

Hans-Ulrich Vollmer

Die Doktorarbeit schreiben

Strukturebenen – Stilmittel – Textentwicklung

2., überarbeitete und erweiterte Auflage

Verlag Wissenschaft & Praxis

Bibliografische Information der Deutschen Bibliothek
Die Deutsche Bibliothek verzeichnet diese Publikation in der Deutschen Nationalbibliografie; detaillierte bibliografische Daten sind im Internet über http://dnb.ddb.de abrufbar.

ISBN 978-3-89673-440-2
© Verlag Wissenschaft & Praxis
Dr. Brauner GmbH 2008
D-75447 Sternenfels, Nußbaumweg 6
Tel. 07045/930093 Fax 07045/930094

Alle Rechte vorbehalten

Das Werk einschließlich aller seiner Teile ist urheberrechtlich geschützt. Jede Verwertung außerhalb der engen Grenzen des Urheberrechtsgesetzes ist ohne Zustimmung des Verlages unzulässig und strafbar. Das gilt insbesondere für Vervielfältigungen, Übersetzungen, Mikroverfilmungen und die Einspeicherung und Verarbeitung in elektronischen Systemen.

Printed in Germany

Vorwort

Elektronische Dissertationen befinden sich auf dem Vormarsch. Dieser Tatsache trägt auch die vorliegende Neubearbeitung dieses Buches Rechnung. Die angeführten Beispiele stammen zum Teil aus Dissertationen, die kostenfrei über den Katalog der Deutschen Nationalbibliothek abgerufen werden können. Gehört aber dem Medium Internet wirklich die Zukunft der wissenschaftlichen Publikation? Zunächst erscheint es verlockend, auf Dissertations- und Habilitationstexte kostenlos zugreifen zu können. Wie erfährt man aber von einer „elektronischen" Neuerscheinung? Wie sicher kann man sein, dass eine nur elektronisch vorliegende Dissertation tatsächlich in Fachbibliographien aufgenommen wird? Verlage bringen Informationen über Neuerscheinungen nicht nur zielgerichtet an Personen und Institutionen, Verlage sorgen auch für Rezensionen ihrer Titel, damit Bücher ihre Leser tatsächlich erreichen.

Bei der Vor-Ort-Recherche in kleineren Fachbibliotheken entdeckt man nicht selten einen interessanten Titel, weil dieser in der Nähe oder unmittelbar neben einem Buch steht, nach dem man suchte. Elektronische Schriften werden bis jetzt nicht derart systematisch archiviert, dass ein dem Auffinden der Druckversion eines Werkes vergleichbarer Rechercheerfolg möglich wäre. Zudem ist es mühevoll, wichtige Quellen komplett am Bildschirm durchzuarbeiten. Die elektronische Version mit Ausdruck und Bindung verursacht ebenfalls Kosten. Es gilt letztlich abzuwägen, ob der Nutzen wissenschaftlicher Arbeiten den Adressatenkreis (Wissenschaftler, Praktiker, interessierte Öffentlichkeit) in elektronischer Form angemessen erreichen kann.

Die Möglichkeiten der elektronischen Publikation bewirken Änderungen in der Gestaltung der wissenschaftlichen Arbeiten. Eine zunehmende Einbindung von Grafiken und Tabellen direkt in den Text sind äußerliches Merkmal dafür, wie technische Möglichkeiten Darstellungen und Argumentationen in Texten verändern. Dennoch gelten die formalen Regeln der Abfassung einer Dissertation selbstverständlich auch für elektronische Publikationen. Diese Regeln sind allerdings in der Bildschirmansicht schwerer nachzuvollziehen als in der Druckversion. Die Aufgabe dieses Buches besteht darin, die so genannten „wissenschaftlichen Invarianten", d.h. die für jede Doktorarbeit typischen Gestaltungsmerkmale darzustellen und an realisierten Dissertationen sichtbar zu machen. Aus diesem Grunde ist es für den Nutzer vorteilhafter, dass dieses Buch als Verlagsausgabe, nicht als E-Book veröffentlicht wird. Buchform = bessere Haptik, bessere Optik, verzettelungsfähiger und resistenter gegen die Rückstände von Klebezetteln als ein Monitor.

Unabhängig von der Form der Veröffentlichung (elektronisch oder als Buch) haben die Bedingungen der fortschreitenden Globalisierung – Interdisziplinarität vieler Fragestellungen und Möglichkeit der weltweiten Verbreitung von Fachtexten – bewirkt, dass die Bedeutung der Stilistik für einen wirkungsvollen Sprachtransfer fachlicher Informationen erkannt wurde und in der Fachsprachenforschung neue erkenntnistheoretische Zusammenhänge offen gelegt wurden. Dieser Entwicklung wurde in der 2. Auflage Rechnung getragen mit der Erweiterung um das neue Kapitel 5.7 „Rhetorische Mittel zur Verdeutlichung und Verstärkung wissenschaftlicher Aussagen (Denkstilfiguren)".

Leinfelden-Echterdingen, im Januar 2008

Dr. Hans-Ulrich Vollmer

Inhaltsverzeichnis

1. Einleitung 11
2. Grundlegung... 15
   2.1 Typisierung wirtschaftswissenschaftlicher Doktorarbeiten... 15
   2.2 Titel in wissenschaftlichen Texten.. 17
      2.2.1 Identifikationsfunktion – Fachtitel als Eigennamen ... 18
      2.2.2 Referenzfunktion – Fachtitel als überblicksartige Charakterisierung des Inhalts 18
      2.2.3 Komprimierungsfunktion – Fachtitel als textsparende Konstrukte....................... 19
      2.2.4 Appellationsfunktion – Fachtitel als einprägsame Veranschaulichung........... 20
   2.3 Wissenschaftliche Schreibkompetenz 20
      2.3.1 Allgemeines zum Textprozess in den Wissenschaften... 21
      2.3.2 Textarten in den Wissenschaften............................. 21
   2.4 Wissenschaftssprache 22
   2.5 Anforderungen an die Kompetenz des Autors der Dissertation 25
      2.5.1 Anforderungen an Autoren wissenschaftlicher Texte 26
      2.5.2 Spezifische Kenntnisse und Fähigkeiten als Grundlage des wissenschaftlichen Schreibens.......... 27
      2.5.3 Notwendige Hilfsmittel zur Realisierung der Anforderungen an wissenschaftliche Texte.............. 30
3. Quelle, Lesen, Schreiben 33

4. **Die Auseinandersetzung mit dem Thema: Themenentfaltung und Entwicklung der Eigenstruktur des Textes** 37

   4.1 Die Einbettung des Themas: Problemstellung – Themenentfaltung – Forschungsergebnisse 37

   4.2 Die Entwicklung der Gliederung (Textmakrostruktur) 42

      4.2.1 Die dreigliedrige Disposition 43

      4.2.2 Die viergliedrige Disposition 44

      4.2.3 Die fünfgliedrige Disposition 45

      4.2.4 Die mehrgliedrige Disposition 46

   4.3 Die Entwicklung der Textmikrostruktur 50

      4.3.1 Die Detaillierung der Gliederung und die Expansion des Textes 50

      4.3.2 Allgemeine Strategien der Textkohärenz 52

      4.3.3 Sequenzmuster 54

      4.3.4 Zwischenüberschriften und Textrekurrenz 61

      4.3.5 Zusammenfassung von Zwischenergebnissen 64

5. **Ausformulierung und Argumentationsführung** 67

   5.1 Schwierigkeiten des Einstiegs in die Textproduktion 67

   5.2 Ansatzpunkte für den ersten Satz im Entwurf des Dissertationsmanuskriptes 68

   5.3 Beispiele für Einleitungssätze in Dissertationen 70

   5.4 Formulierungsmuster 72

      5.4.1 Nominalisierungen 73

      5.4.2 Deixis 74

      5.4.3 Überblicksartige Formulierungen 77

   5.5 Argumentationsfiguren 78

      5.5.1 Die Grundform der wissenschaftlichen Argumentation 79

      5.5.2 Variationen der wissenschaftlichen Argumentation .. 81

     5.5.3 Argumentationssignale als Auslöser eines Argumentationsschrittes 89

  5.6 Rhetorische Mittel zur Objektivierung wissenschaftlicher Aussagen (Indirekte Stilmittel) 91

     5.6.1 Abstraktion vom Autor 92

     5.6.2 Passivierung als Form der Deagentivierung 92

     5.6.3 Verwendung „verdeckter Performative" 95

     5.6.4 Thematisierung von Bedingungen 96

     5.6.5 Das Ich-Tabu der Formulierung 97

     5.6.6 Text-Hedging 100

  5.7 Rhetorische Mittel zur Verdeutlichung und Verstärkung wissenschaftlicher Aussagen (Denkstilfiguren) 103

     5.7.1 Erkenntnisfördernde Zusätze 103

     5.7.2 Gesteigerte Wahrnehmung durch stilistische Expressivität 104

  5.8 Funktionen wissenschaftlichen Zitierens 108

     5.8.1 Wissenschaftliche Intertextualität: eine Typologie der Fußnoten 108

     5.8.2 Berufung auf wissenschaftliche Autoritäten 113

     5.8.3 Demonstration von Wissen und Kompetenz 114

  5.9 Kritik am typisch deutschen Wissenschaftsstil 116

6. Überarbeitung und Textgestaltung 119

7. Die Einleitung und der Schlussteil 123

  7.1 Der Aufbau der Einleitung 123

  7.2 Der Schlussteil der Doktorarbeit 125

8. Veröffentlichung 127

9. Quellen 129

Index 137

Verzeichnis der Abbildungen

Abb. 1: Idealtypische Formen wirtschaftswissenschaftlicher Doktorarbeiten 15

Abb. 2: Unterscheidungsmerkmale der Wissenschaftssprache im Vergleich mit Alltagssprache und Poesie 24

Abb. 3: Individuelle Voraussetzungen der Darstellung wissenschaftlicher Kompetenz 26

Abb. 4: Entwicklungsphasen einer Doktorarbeit 31

Abb. 5: Aktivitäten vor dem Schreibbeginn 34

Abb. 6: Arbeitsschritte vom Quellenstudium zum Entwurfstext 35

Abb. 7: Einbettung des Dissertationstextes 38

Abb. 8: Kriterien der Eigenstruktur und Themenentfaltung im Gesamttext 48

Abb. 9: Beispielsdarstellung der Eigenstruktur und Themenentfaltung des Gesamttexts 49

Abb. 10: Handlungshierarchie einer Doktorarbeit 53

Abb. 11: Systematik der internen Strukturierung von Textpassagen der Dissertation 57

Abb. 12: Formen und Strategien der Darstellung von Expertenschaft 70

Abb. 13: Prototypische Formulierungsmuster zur Textstrukturierung 73

Abb. 14: Form und Bezüge des Aufbaus wissenschaftlicher Texte 79

Abb. 15: Die Grundform der wissenschaftlichen Argumentation ... 81

Abb. 16: Argumentationsmuster in fünf Schritten 83

Abb. 17: Lineare (typisch englische) und abschweifende (typisch deutsche) Struktur von Wissenschaftstexten 117

Abb. 18: Möglichkeiten zur Gliederung der Einleitung 124

1. Einleitung

Die Fachtexte in den überwiegend nicht experimentell arbeitenden Geistes- und Sozialwissenschaften weisen eine große Heterogenität in Aufbau und Sprachstil aus. Die Makrostruktur naturwissenschaftlich-technischer Texte folgt dagegen viel regelmäßiger dem üblichen Aufbau von 1) Einführung; 2) Experimenteller Teil; 3) Folgerungen; 4) Zusammenfassung.[1] Dies hängt mit der besonderen Art gesellschaftlicher Anwendung humanwissenschaftlicher Erkenntnisse zusammen, deren Ziel die ‚Aufklärung' möglichst vieler Menschen ist.[2] Der Naturwissenschaftler kann es sich leisten, eine nur für Fachkollegen verständliche Sprache zu benutzen; denn seine Forschungsergebnisse erreichen die Öffentlichkeit nicht direkt, sondern meist als Anwendung, z.B. in Form von Medikamenten oder technischen Geräten.

Die Sprache der Geistes- und Sozialwissenschaften zielt dagegen auf Selbstreflexion des Lesers, auf Anwendung der wissenschaftlichen Erkenntnisse. Die Sprache muss zu einem zuverlässigen Mittel der Verständigung werden, um diesen „Wissenstransfer" sicherzustellen. Trotz einer Fülle fachsprachlichen Vokabulars kann in den Sozialwissenschaften von einer einheitlichen Fachsprache oder Wissenschaftssprache nicht die Rede sein. Die Fachtexte in den Sozialwissenschaften sind – entsprechend ihrem Adressatenkreis – stilistisch wesentlich heterogener als naturwissenschaftliche Fachtexte. Die Sprache der Humanwissenschaften (Geisteswissenschaften, Wirtschafts-, Sozial- und Geschichtswissenschaften) wird daher auch als „wissenschaftssprachliche Rekonstruktion der Standardsprache" bezeichnet, womit „ein angemessenes Verhältnis von Fachsprache und Umgangssprache" gemeint ist.[3]

Allerdings wird durch die Vorstellung, dass die Umgangssprache nur durch fachwissenschaftliche Einflüsse kultiviert wird, der Anspruch der

---

1 Vgl. Kretzenbacher, Heinz: Rekapitulation. Textstrategien der Zusammenfassung von wissenschaftlichen Fachtexten, Tübingen 1990, S. 36 f.
2 Vgl. Fricke, Harald: Zur gesellschaftlichen Funktion humanwissenschaftlicher Fachsprachen, in: Bungarten, Theo (Hrsg.): Wissenschaftssprache und Gesellschaft, Tostedt 1989, S. 62-75, hier S. 65
3 ebenda, S. 63

Wissensvermittlung verharmlost. Die Vermittlung wissenschaftlicher Erkenntnisse in das allgemeine Sprachverständnis liegt in einem Zwischenfeld, das für den Leser zwar voll verständlich ist, ihn aber doch zu neuem Verständnis leitet und zur Verwendung neuer Begriffe und Ausdrucksweisen anhält. Der Anspruch, der an den Autor einer wissenschaftlichen Arbeit zu richten ist, besteht in der Notwendigkeit, „die fachsprachlichen Abstraktheiten und Begriffskürzel in die konkreten Wahrnehmbarkeiten der uns allen vertrauten Bedeutungslandschaften der Allgemeinsprache zu übersetzen".[4] Für das Wissenschaftsdeutsch gilt, dass Barrieren abzuschaffen sind, wo überfachliche Zusammenarbeit notwendig ist und wo das Alltagsleben mit den Resultaten der Wissenschaft direkt zu tun hat, „Der Wissenschaftler muss sich bemühen, seine Gedanken auch Nichtspezialisten deutlich darzulegen, denn die Wissenschaftssprache ist nie nur die Sprache der Wissenschaftler allein."[5] Gutes Wissenschaftsdeutsch, d.h. eine wohlgeformte Wissenschaftssprache ist ein Anspruch, der „schon aus dem Öffentlichkeitsgebot der Wissenschaften abzuleiten ist".[6]

Die Herstellung der Verbindung zur Allgemeinsprache dient jedoch nicht nur der besseren Verständlichkeit wissenschaftlicher Texte. Wissenschaftliches Arbeiten erfolgt in zwei Phasen: Formulieren und Überprüfung von Hypothesen und Gestaltung der Konzepte, die die Hypothesen strukturieren.[7] Bei der Überprüfung von Hypothesen werden Instrumente und Methoden angewandt, die definitorisch – vielfach durch mathematische Ausdrücke – abgegrenzt sind. Gestaltet der Wissenschaftler jedoch seinen konzeptionellen Rahmen durch Veränderung und Weiterentwicklung von Konzepten und Begriffen, spielen

---

4 Vgl. Heckhausen, Heinz: Dissemination psychologischer Forschung: Internationalisierung, Europäisierung und gemeinsprachliche Rückvermittlung in: Kalverkämper, Hartwig/Weinrich, Harald (Hrsg.): Deutsch als Wissenschaftssprache, Tübingen 1986, S. 32-37, hier S. 35
5 Oksaar, Els: Gutes Wissenschaftsdeutsch. Perspektiven der Bewertung und Problemlösungen, in: Kalverkämper, Hartwig/Weinrich, Harald (Hrsg.): Deutsch als Wissenschaftssprache, Tübingen 1986, S. 100-18, hier S. 104
6 Weinrich, Harald: Zur Einführung, in: Oksaar, Els: Gutes Wissenschaftsdeutsch. Perspektiven der Bewertung und Problemlösungen, in: Kalverkämper, Hartwig/Weinrich, Harald (Hrsg.): Deutsch als Wissenschaftssprache, Tübingen 1986, S. 97-99, hier S. 98
7 Vgl. Nettelbeck, Joachim: Deutsch in internationalen Wissenschaftseinrichtungen, in: Debus, Friedhelm u.a.: Deutsch als Wissenschaftssprache im 20. Jahrhundert, Stuttgart 2000, S. 105-124, hier S. 107 f.

kulturelle und gesellschaftliche Faktoren eine wichtige Rolle. Der wechselseitige Verständigungsprozess zwischen Wissenschaft und Gesellschaft erfordert eine Orientierung der Wissenschaftssprache an der Allgemeinsprache, andernfalls wird ein Handicap in der wissenschaftlichen Produktivität in Kauf genommen.

Nicht jeder wissenschaftliche Text entsteht vollkommen neu, die meisten bauen auf vorhandenen auf. Sie orientieren sich an bestehenden Strukturen und das vermittelte Wissen hat oft seinen Ursprung in vorhandenen Quellen. Wenn man eine Doktorarbeit – meist nur einmal im Leben – schreibt, sollte man sich nicht nur mit der themenrelevanten Literatur, sondern auch mit den gegebenen Strukturen der Darstellung von Wissen beschäftigen. Sie sind nicht nur Stilmittel des Schreibens in den Wissenschaften, sondern bilden vor allem die Konventionen, nach denen der Informationsaustausch in den Wissenschaften verläuft. Ratgeber zum wissenschaftlichen Arbeiten gibt es unzählige, so viele, dass es bereits von Interesse geworden ist, die verschiedenen „Anleitungen zum wissenschaftlichen Arbeiten" unter „kulturkontrastiven" Aspekten zu untersuchen. Diese Untersuchungen haben ergeben, dass in der typisch deutschen Anleitungsliteratur zur Anfertigung von Seminar- und Abschlussarbeiten 2/3 bis 3/4 des Inhalts auf die Informationsbeschaffung und -bearbeitung sowie auf formale Gestaltung entfällt.[8] Eine relativ untergeordnete Rolle spielen inhaltliche Aspekte wie Ratschläge zur Themenbearbeitung, Entwicklung der Fragestellung usw.[9]

Die Schreibforschung, soweit sie sich mit der Erforschung der wissenschaftlichen Textproduktion befasst,[10] untersucht alle denkbaren universitären Textarten mit Ausnahme der Doktorarbeit. In diesem Buch werden die linguistischen Erkenntnisse der Analyse der Textmakro-

---

8 Vgl. Pieth, Christa/Adamzik, Kirsten: Anleitungen zum Schreiben universitärer Texte in kontrastiver Perspektive, in: Adamzik, Kirsten/ Antos, Gerd/Jakobs, Eva-Maria (Hrsg.): Domänen- und kulturspezifisches Schreiben, Frankfurt am Main 1997, S. 31-70, hier S. 39 f.
9 Eine Ausnahme bildet Brauner, Detlef Jürgen/Vollmer, Hans-Ulrich: Erfolgreiches wissenschaftliches Arbeiten. Seminararbeit – Bachelor-/Masterarbeit (Diplomarbeit) – Doktorarbeit, 3. Aufl., Sternenfels 2008
10 für einen Überblick vgl. Ehlich, Konrad u.a.: Schreiben für die Hochschule. Eine annotierte Bibliographie, Frankfurt am Main usw. 2000

und -mikrostruktur, der Textoberfläche (Satzbildung, Verständlichkeit) und der Rhetorik mit den Erkenntnissen der Schreibprozessforschung zusammengeführt und zu einer Grundkonzeption der Ausarbeitung eines Dissertationsthemas integriert. Unsere Zielsetzung besteht darin, den Promovenden dazu zu verhelfen

- den oft schwierigen Schreibstart zu erleichtern
- möglichst zügig zu einem gewissen Textmindestumfang zu gelangen, der hinsichtlich seines Inhaltes und Aufbaus weiter bearbeitet werden kann
- die Arbeit als einen zu gestaltenden Entwicklungsprozess anzusehen
- wissenschaftliche Aussagen, Gliederungsstruktur, sprachliche Darstellung und Erfüllung formaler Konventionen als Darstellungseinheit zu begreifen
- die Gestaltungsebenen der Textmakrostruktur, -mikrostruktur und der Textoberfläche zur Verdeutlichung der eigenen wissenschaftlichen Aussagen und Erkenntnisse zu nutzen.

2. Grundlegung

2.1 Typisierung wirtschaftswissenschaftlicher Doktorarbeiten

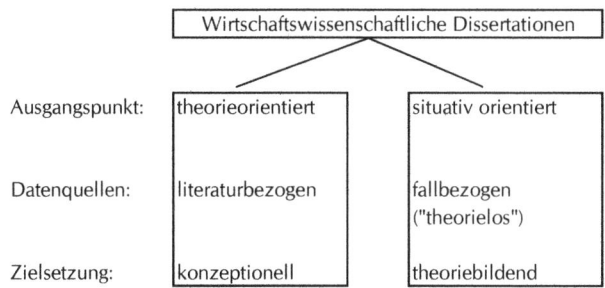

Abb. 1: Idealtypische Formen wirtschaftswissenschaftlicher Doktorarbeiten

Eine zunehmende Anzahl wirtschaftswissenschaftlicher Dissertationen zeichnet sich durch sehr starken Praxisbezug aus. Wenn das Ziel der Arbeit darin besteht, Gestaltungsempfehlungen für die Praxis zu entwickeln, muss sowohl die institutionelle als auch die prozessuale Ebene berücksichtigt werden. In diesen Fällen entspricht es moderner Modellierung der qualitativen Forschung, mehrere unterschiedliche Erklärungsansätze – die verschiedene Aspekte in das Zentrum ihrer Betrachtung stellen – komplementär heranzuziehen.[11] Der Untersuchungsgegenstand wird unter verschiedenen so genannten „Scheinwerferpositionen" ausgeleuchtet. Je nach Einzelproblem wird diejenige theoretische Position bevorzugt, die mit dem höchsten Erklärungswert verbunden ist. Andere Positionen, von denen keine zusätzliche „Ausleuchtung" erwartet wird, werden außer Acht gelassen.

Wenn bestimmte Phänomene mit den vorhandenen theoretischen Modellen nicht ausreichend erklärt werden können, tritt das Ziel der

---

11 Vgl. Engel, Ronald: Seed-Finanzierung wachstumsorientierter Unternehmensgründungen, Sternenfels 2003, S. 165

Konzeptentwicklung gegenüber dem Anspruch der Weiterentwicklung theoretischer Grundlagen in den Vordergrund.

Die systematische – weit über die explorative Betrachtung von Fallbeispielen hinausgehende – Untersuchung von Prozessen in der Unternehmenspraxis, deren Merkmale, Zusammenhänge, Einflussfaktoren und Gestaltungsmöglichkeiten, führen zu Erkenntnisfortschritten, die nicht mehr ausschließlich durch Bezugnahme auf bestehende Literaturquellen abgesichert werden können.

Dadurch, dass derartige Dissertationen praxisorientierte Problemstellungen bearbeiten, weisen sie eine gewisse Loslösung von abstrakten Theoriemodellen auf und unterliegen weniger dem Zwang, sich bei ihren Darlegungen auf wissenschaftliche Autoritäten begründen zu müssen. Sie beziehen ihre Überzeugungskraft aus der Kompetenz des Autors, praxisrelevante Zusammenhänge zu erkennen, in eine wissenschaftliche Argumentation umzusetzen und daraus anwendungsfähige Lösungsmöglichkeiten abzuleiten.

Die Auswirkungen dieser veränderten Orientierung sind weitreichend:

- Ergebnisse werden nicht mehr ausschließlich theoretisch begründet, sondern deren Einflussfaktoren durch Fallstudien erforscht:

(x) «**Das Fallbeispiel *Vaillant* demonstriert, dass eine hohe Integrationsgeschwindigkeit sich positiv auf den Integrationserfolg auswirkt.**» (Kästle, 134)

- Forschungsfragen und -konzeptionen werden nicht auf der Grundlage bestehender Theorien, sondern „zur inhaltlichen Füllung klassischer Definitionen aus Praxisperspektive" konzipiert:

(x) «**Zur Schließung der in der Theorie und Praxis vorhandenen Lücke sind** ... **konzeptionell Elemente** der Integrationsstrategie **aus Perspektive des Supply Management vorzustellen und zu untersuchen**. Elemente der Integrationsstrategie sind Grundlage für Leistungsverbesserungen und Wertsteigerungen.» (Kästle, 68) ... «**Der pluralistische Theorieansatz** zur Systematisierung des Post Merger Supply Management **stellt eine zielorientierte Fallstudienforschung sicher**.» (Kästle, 112)

- Forschungsergebnisse münden nicht zwangsläufig in neue oder erweiterte Theorien, sondern häufig in eine thesenartige Zusammenfassung, die Perspektiven für Theorie und Praxis aufzeigt.

Daneben gibt es – gleichrangig – die wirtschaftswissenschaftlichen Dissertationen, die das theoretische Erklärungsziel mit dem praktischen Gestaltungsziel zu vereinen versuchen. Diese Arbeiten legen Schwachstellen oder Unzulänglichkeiten bestehender Erklärungsansätze offen und versuchen eine erweiterte Modellierung zu entwickeln, die der komplexen Realität näher kommt. Sie sprengen damit die Grenzen bisheriger Modellierung.

Unabhängig von der wissenschaftlichen Schwerpunktsetzung weisen alle Doktorarbeiten Struktur- und Gestaltungsmerkmale, typische Formulierungen und Argumentationsmuster auf, die auf einheitliche Grundlagen zurückgeführt werden können. Die meisten Doktoranden verfügen über diese Grundlagen und wenden sie intuitiv an. Die in diesem Buch präsentierten Beispiele und Erläuterungen sollen dem Leser die Möglichkeiten eines gezielten Einsatzes dieses grundlegenden Instrumentariums bewusst werden lassen.

2.2 Titel in wissenschaftlichen Texten

Fachtitel spielen in der wissenschaftlichen Kommunikation eine überragende Rolle. Der Titel fungiert als „Eigennamen des Textes",[12] wodurch dieser eindeutig identifiziert und von anderen Texten abgegrenzt wird. Mit der Formulierung des Titels erhält der Literatursuchende eine erste Information über den Textinhalt. Diese Erstinformation ist aus Platzgründen äußerst komprimiert. Fachtitel haben darüber hinaus die Funktion, potentielle Leser anzusprechen, und nicht zuletzt dienen Titel in wissenschaftlichen Texten – Überschriften, Gliederungspunkte, Titel von Abbildungen und Tabellen – der Steuerung der konkreten Textlektüre. Vor dem Hintergrund der ständig wachsenden

---

12 Dietz, Gunther: Titel in wissenschaftlichen Texten, in: Hoffmann, Lothar u.a.: Fachsprachen, Berlin 1998, S. 617-24, hier S. 618

Informationsmenge und deren computergestützter Verarbeitung kommt Titeln große Bedeutung in der Wissenskommunikation zu.

2.2.1 Identifikationsfunktion – Fachtitel als Eigennamen

Der Titel dient in erster Linie der Abgrenzung zu bereits existierenden Veröffentlichungen und hat damit die Aufgabe, die Einzigartigkeit der Arbeit zum Ausdruck zu bringen. Der Vergleich mit dem Eigennamen einer Person weist darauf hin, dass der Titel einer Abhandlung als „Stellvertreter" des zugehörigen Textes in Erscheinung tritt. Die Identifikationsfunktion ist in allen Formen von Quellenangaben (Anmerkung, Literaturverzeichnis) besonders relevant.

2.2.2 Referenzfunktion – Fachtitel als überblicksartige Charakterisierung des Inhalts

Bei Eigennamen ist die Beziehung zwischen dem Namen und der jeweiligen Person nicht charakteristisch, Fachtitel dagegen beschreiben den Charakter des Textes und den jeweiligen Untersuchungsgegenstand. Darin besteht – über alle Fachgebiete hinweg – die Hauptfunktion von Titeln. Über die Titelangabe hinaus können Dissertationsthemen je nach kommunikativer Absicht weitere Elemente enthalten:

- eine formale Charakterisierung des Textes

(x) Schäfer, Manuela A.E.: Prozeßgetriebene multiperspektivische Organisationssteuerung. **Beispielhafte Betrachtung** anhand der deutschen Bausparkassen

Eine derartige Charakterisierung wird verwendet, um Umfang und Anforderungen einer Themenstellung in einem zu bewältigenden Rahmen zu halten.

- die Angabe der verwendeten Methodik bzw. des Untersuchungsansatzes

(x) Gilbert, Dirk Ulrich: Konfliktmanagement in international tätigen Unternehmen. **Ein diskursethischer Ansatz** zur Regelung von Konflikten im interkulturellen Management

Durch den direkten Verweis auf die Untersuchungsmethode erfolgt die Lenkung des Leserinteresses auf den gewählten Ansatz.

- die Nennung des Forschungszieles

(x) Dietel, Marco: International Accounting Standards/International Financial Reporting Standards und steuerliche Gewinnermittlung. **Möglichkeiten für eine modifizierte Maßgeblichkeit**

Diese Möglichkeit ist dazu geeignet, mit Hilfe eines gängigen Fachbegriffes die Aufmerksamkeit auf die Arbeit zu lenken.

2.2.3 Komprimierungsfunktion – Fachtitel als textsparende Konstrukte

Titel werden immer kürzer und sollten daher immer präziser werden, bis hin zur Erfüllung der Forderung, Titel als „one-sentence abstract" zu formulieren. Diese Entwicklung ist auf die zunehmende Publikation und Verbreitung von Texten zurückzuführen. Alle Möglichkeiten der Informationsfokussierung sind daher bei der Formulierung von Titeln unbedingt zu berücksichtigen:

- Einsatz von **Substantiven**: Risk Reporting
- Einsatz von **Attributen**: Strategische Kooperationen im Mittelstand
- Bildung von **Wortpaaren**: Personalberatung und Executive Search

Im Titel wird die jeweils wichtigste thematische Information zum Ausdruck gebracht.

2.2.4 Appellationsfunktion – Fachtitel als einprägsame Veranschaulichung

Fachtitel werden von interessierten Lesern zunächst unabhängig von ihrem tatsächlichen Inhalt wahrgenommen. Aus diesem Grunde kommt ihnen die Aufgabe zu, den Leser zur Lektüre des Textes zu bewegen. Titel müssen daher

- möglichst einprägsam und anschaulich formuliert werden
- eine möglichst hohe Erwartung beim Leser wecken

Als Konsequenz der vielfältigen Funktionen (Identifikation, Referenz, Komprimierung, Appellation), die Titel in wissenschaftlichen Texten zu erfüllen haben, empfiehlt es sich,

- ein Dissertationsvorhaben durch einen Arbeitstitel einzugrenzen und diesen entsprechend dem Erkenntnisfortschritt zu konkretisieren

- die endgültige Formulierung des Titels unter Berücksichtigung gängiger Schlagworte und Suchbegriffe möglichst appellativ zu konzipieren

- den inhaltlichen Schwerpunkt der Arbeit durch einen oder mehrere Untertitel so exakt wie möglich zu beschreiben und einzugrenzen

2.3 Wissenschaftliche Schreibkompetenz

Schreiben ist ein zentrales Medium der Darstellung und Kommunikation in den Wissenschaften. Wissenschaft ist ohne geschriebene Texte nicht denkbar.[13] Fachwissen, Erfüllung fachspezifischer Konventionen (Fachsprache) und rhetorische Anforderungen (Kommunikation) sind die wesentlichen Dimensionen von Schreibkompetenz.

---

13 Vgl. Kruse, Otto/Jakobs, Eva-Maria: Schreiben lehren an der Hochschule: Ein Überblick, in Kruse, Otto u.a. (Hrsg.): Schlüsselkompetenz Schreiben, Neuwied 1999, S. 19-34, hier S. 20

2.3.1 Allgemeines zum Textprozess in den Wissenschaften

Der Gesamtvorgang der Textproduktion (das Vorbereiten, Formulieren, Überarbeiten) ist ein Textprozess. Der Text tritt aus der Unmittelbarkeit des sprachlichen Handelns heraus und verselbständigt sich. Die Beziehungen zum sprachlichen Handeln der Textproduzenten und Textrezipienten (Leser) lösen sich. Der Text erscheint als eine völlig selbständige Größe. Der Textprozess ist ein mehrfacher Fremdwerdungsvorgang, der sich soweit auswachsen kann, dass der Autor sich im Prozess der Textherstellung verliert und sich selbst darin fremd wird. Schreibprobleme sind eine Konsequenz, die nicht zufällig eintritt, sondern im Textprozess selbst enthalten ist.

Ähnlich kann der Leser in einen Vorgang der Entfremdung gegenüber dem Text geraten und diesem schließlich – und der Text ihm – gänzlich fremd gegenüber stehen. Der Text erscheint ihm als unüberwindbar verschlossen.

Textverständnis ist das Bemühen des Autors und Lesers, diese Fremdheit zu überwinden, um sich den Text zu erschließen. Verstehen ist die systematische Vorgehensweise, die einem Text zugrunde liegenden allgemeinen Strukturen herauszuarbeiten und anzuwenden.

2.3.2 Textarten in den Wissenschaften

Das Verständnis komplexer Texte erfordert Aktivitäten des Autors bzw. des Lesers, die sich aus den Anforderungen der Textart ergeben. Einzelne Texte sind nur selten Unikate. Die meisten Texte gewinnen ihre Leistungsfähigkeit dadurch, dass sie als Ressourcen von entwickelten Strukturen zur Verfügung stehen, und zwar für eine Vielzahl potentieller Leser. Solche übergreifenden Strukturen ermöglichen eine verallgemeinerte Wissensverarbeitung und Wissensinnovation. Im Terminus «Textart» werden solche Formen und Strukturen benannt.

Eine Textart ist eine zweckbezogene Tiefenstruktur, die spezifische kommunikative Aufgaben zu bearbeiten gestattet, denen immer neue Handelnde gegenüberstehen. Textarten sind Großmuster des sprachlichen Handelns, sie bilden die Ressource zur Verarbeitung gesellschaftlich relevanten Wissens.[14]

Die Struktur eines Großmusters wird bestimmt durch die Zwecke. Das Muster ist keine ein für allemal feste Einzelform, sondern ermöglicht innerlich aufeinander bezogene Alternativen. Die Umsetzung der Musterstruktur in die sprachliche Darstellung führt nicht zu eindeutigen und immer gleichen Resultaten, sondern zu einer Vielzahl von Realisierungsmöglichkeiten, in deren Flexibilität eine entscheidende Qualität des Großmusters besteht. Allerdings erlaubt der zweckorientierte Mustercharakter keineswegs einfach beliebige Kombinationen sprachlicher Darstellungen. Die Textarten der wissenschaftlichen Kommunikation umfassen einen standardisierten Kreis: Lehrbuch, Enzyklopädie, Skript, Mitschrift, Exzerpt, Referat, Protokoll, Seminararbeit, Abschlussarbeit, wissenschaftlicher Artikel, Abstract, Vorwort, Zusammenfassung.

2.4 Wissenschaftssprache

Wesentlichstes Merkmal aller wissenschaftlichen und Fachtexte ist die Sachbezogenheit. Alle Aufmerksamkeit gilt dem behandelten Gegenstand, Autor und Adressat treten in den Hintergrund. Geeignetes Mittel zur Entpersönlichung von Aussagen und Feststellungen ist das Passiv. Für die deutschen Wissenschafts- und Fachfragen stellt das Passiv ein besonders kennzeichnendes universelles Ausdrucksmittel der Entpersönlichung und Generalisierung dar.[15]

Die Kenntnisse über das Deutsche als Wissenschaftssprache sind indes nicht sehr gut entwickelt. Unbestritten ist jedoch, dass „Wissenschaftssprache" nicht einfach eine Terminologie darstellt, sondern Voraussetzung für Wissenschaftskommunikation ist. Der „wissenschaftlichen

---

14 Vgl. Ehlich, Konrad: Schreiben für die Hochschule, in: Ehlich, Konrad u.a. (Hrsg.): Schreiben für die Hochschule. Eine annotierte Bibliographie, Frankfurt am Main usw. 2000, S. 1-17, hier S. 11
15 Vgl. Schwanzer, Viliam: Syntaktisch-stilistische Universalia in den wissenschaftlichen Fachsprachen, in: Bungarten, Theo (Hrsg.): Wissenschaftssprache. Beiträge zur Methodologie, theoretischen Fundierung und Deskription, München 1981, S. 213-30, hier S. 217 f.

Alltags-" bzw. „alltäglichen Wissenschaftssprache" kommt dabei fundamentale Bedeutung zu.[16] Die Wissenschaftssprache der Ökonomen ist nicht kunstvoll und variantenreich,[17] ähnliches gilt für die Sprache der Soziologen.[18]

Bei aller Spezifik, die die einzelnen Wissenschafts- und Fachsprachen auszeichnet, können sie doch einheitlich durch gemeinsame Merkmale als wissenschaftliche Fachsprache gekennzeichnet werden. Begründet durch die folgenden Universalien – neben und über den einzelnen Wissenschafts- und Fachsprachen – hat der Begriff des einheitlichen, sich von anderen Stilen unterscheidenden Wissenschaftsstils seine Berechtigung:

- Sachbezogenheit
- Eindeutigkeit
- Klarheit
- Effizienz und
- Ökonomie

sind die substantiellen Universalien der Wissenschafts- und Fachsprachen.[19] Die Besonderheiten der Wissenschaftssprache lassen sich mit dem nachfolgend abgebildeten Vergleich zwischen der Alltagssprache, der Sprache der Poesie und der in wissenschaftlichen Fachtexten verwendeten Sprache veranschaulichen. In der Realität weist die Wissenschaftssprache nicht ausschließlich die sie charakterisierenden Merkmale auf, sondern ist durchsetzt mit Elementen der Alltagssprache und der Poesie. Die flüssige Bewegung zwischen allen drei Sprachstilen ist eine wichtige Voraussetzung für eine anschauliche und verständliche

---

16 Vgl. Ehlich, Konrad: 18 Thesen zum Deutschen als Wissenschaftssprache, in: Debus, Friedhelm u.a.: Deutsch als Wissenschaftssprache im 20. Jahrhundert, Stuttgart 2000, S. 273-75
17 Vgl. Hesse, Helmut: Deutsch als Wissenschaftssprache aus der Sicht eines Nationalökonomen, in: Debus, Friedhelm u.a.: Deutsch als Wissenschaftssprache im 20. Jahrhundert, Stuttgart 2000, S. 277-281, hier S. 280
18 Vgl. Lepenies, Wolf: Die Notwendigkeit des Jargons – Zur Fachsprache der Soziologie, in: Kalverkämper, Hartwig/Weinrich, Harald (Hrsg.): Deutsch als Wissenschaftssprache, Tübingen 1986, S. 125-128, hier S. 127
19 Vgl. Schwanzer, Viliam: Syntaktisch-stilistische Universalia in den wissenschaftlichen Fachsprachen, in: Bungarten, Theo (Hrsg.): Wissenschaftssprache. Beiträge zur Methodologie, theoretischen Fundierung und Deskription, München 1981, S. 213-230, hier S. 215 und 228

Vermittlung der in einer Doktorarbeit zu behandelnden komplexen Sachverhalte.[20]

Kriterium	Alltagssprache	Sprache der Poesie	Sprache der Wissenschaften
Stilmittel	Umgangswörter	Metaphern	Fachbegriffe
Darstellungsform	Klischee	Konkretion	Abstraktion
Inhalte	Behauptungen	Eindrücke	Begründungen
Grundlagen	Regeln	Ästhetische Normen	Gesetzmäßigkeiten
Textaufbau	Narration	Expression	Systematik
Stilform	Ungereimtheiten	Widerspruch als Stil	Widerspruchsfreiheit
Adressatenbezug	Konventio	Gefühl	Ratio
Zielsetzung	Unterhaltung	Katharsis	Information
Evolutorischer Hintergrund	Tradition des Geredes	Poetische Tradition	Wissenschaftliche Fachtradition

Abb. 2: Unterscheidungsmerkmale der Wissenschaftssprache im Vergleich mit Alltagssprache und Poesie

Die Wissenschaftssprache macht sich auch Stilmittel und Ausdrucksweisen der Alltagssprache und der Poesie zunutze, denn sie ist keine Kunstsprache. In einem Punkt unterscheidet sich die Wissenschaftssprache von den beiden anderen Diskursformen jedoch in einer Weise, die einem Alleinstellungsmerkmal gleichkommt: Alltagssprache und Poesie sind dialogisch und beziehen den Gesprächs- bzw. Situationskontext voll mit ein, während die Wissenschaftssprache monologisch ist und einen Kontext erst durch die Informationen aufbaut, die sie selbst liefert.[21]

---

20 Vgl. Werder, Lutz von: Grundkurs des wissenschaftlichen Schreibens, Berlin/Milow 1995, S. 20
21 Vgl. Rudolph, Elisabeth: Argumentationsfiguren in der Wissenschaftssprache, in: Jongen, René u.a. (Hrsg.): Sprache, Diskurs und Text, Tübingen 1983, S. 191-201, hier S. 192

2.5 Anforderungen an die Kompetenz des Autors der Dissertation

Die sprachliche Inszenierung seiner „Expertenschaft" ist das Ziel des Autors eines wissenschaftlichen Textes. Seine Kompetenz legt der Autor durch Bezugnahme auf Texte anderer Autoren und durch die Verwendung bestimmter Textstrukturen dar. Voraussetzung für die Akzeptanz eines wissenschaftlichen Textes ist „in jedem Fall die Präsentation ‚mustergültiger' Lösungen ... im Hinblick auf Mustertraditionen und konkurrierende Entwürfe."[22]

Kompetenz hat allerdings mehr als nur eine kommunikative Dimension. Die Realisierung eines wissenschaftlichen Erkenntnisfortschritts, der vor der Fachwelt Anerkennung findet, setzt in der Regel – trotz des Rationalitätsanspruchs der Wissenschaft – eine wissenssoziologisch charakterisierbare Autorität des Doktoranden voraus. Ein Experte oder Spezialist sollte wenigstens in einem der folgenden Bereiche – und innerhalb eines Bereichs: in mindestens einem Kriterium – bezogen auf sein Dissertationsthema eine herausgehobene Stellung einnehmen können:

---

22 Antos, Gerd: Sprachliche Inszenierungen von „Expertenschaft" am Beispiel wissenschaftlicher Abstracts, in: Jakobs, Eva-Maria u.a. (Hrsg.): Wissenschaftliche Textproduktion. Mit und ohne Computer, Frankfurt am Main 1995, S. 113-127, hier S. 114

I. Sachkompetenz		
	1.1	Faktenwissen
		Detailwissen
		Literaturkenntnisse
	1.2	Fachliche Erfahrungen
		Fertigkeiten (bei Durchführung von Operationen, Experimenten etc.)
		Kompetenz bei der Sammlung, Archivierung und Auswertung von Daten
II. Theoretische Kompetenz		
	2.1	Methodenkompetenz
	2.2	Modellierungs- bzw. Beschreibungskompetenz
	2.3	Erklärungskompetenz
III. Innovationskompetenz		
	3.1	Neue Forschungsergebnisse
	3.2	Neue Forschungsansätze (Kreative Ideen, neue Perspektiven)
IV. Wissenssoziologische Position		
	4.1	Institutioneller Einfluss (Inhaber/Verteiler von Positionen)
	4.2	Intellektueller Einfluss (Inhaber von Definitions-/Bewertungsmacht)
	4.3	Bekanntheitsgrad (fachlich/überfachlich)

Abb. 3: Individuelle Voraussetzungen der Darstellung wissenschaftlicher Kompetenz

2.5.1 Anforderungen an Autoren wissenschaftlicher Texte

Das notwendige **Fachwissen** zur Ausarbeitung einer Dissertation muss «flexibel» sein, d.h. das Wissen muss nicht nur vorhanden und in externen Quellen verfügbar sein, sondern die einzelnen Wissenseinheiten müssen jederzeit abrufbar und miteinander verknüpfbar sein. Je flexibler das Wissen, desto einfacher gelingt es, dieses adressatengerecht in einen eigenen Text zu übertragen. Wissen ist eine Ressource der Textproduktion, die limitiert oder in nicht angemessener Form vorhanden sein kann.

Auch die **Sprache** stellt gleichermaßen eine Ressource und eine Beschränkung dar. Sie bietet die Möglichkeit, einem Text Aussagekraft und logische Strukturen zu verleihen und ist darüber hinaus ein gestaltendes Medium auf dem Weg zum epistemischen (wissenserzeugenden) Schreiben.

Fachliches Schreiben erfordert schließlich die Fähigkeit, die kommunikativen Erwartungen der Adressatengruppe – bei Dissertationen ist dies die Fachwelt – zu erfüllen. Fachliches Schreiben setzt voraus, dass man die **Normen** der jeweiligen Disziplin kennt und befolgt. Nur dann haben Texte die Aussicht, von Fachwissenschaftlern akzeptiert zu werden.

An den Autor einer Doktorarbeit wird der Anspruch gerichtet, die Anforderungen der Wissenschaftsgemeinschaft (repräsentiert durch den Doktorvater und die Prüfungskommission) an Fachwissen, Argumentationslogik und Rhetorik (Fachsprache) in einer überzeugenden schriftlichen Darlegung simultan zu realisieren.

2.5.2 Spezifische Kenntnisse und Fähigkeiten als Grundlage des wissenschaftlichen Schreibens

Das in der Schule erworbene, in Studium und Beruf vervollkommnete grammatikalische und stilistische Wissen bildet die Grundlage zur Anfertigung von Fachtexten. Darüber hinaus verlangt deren Produktion jedoch einer Reihe spezifischer Kenntnisse. Diese hat man zwar durch die regelmäßige Lektüre von wissenschaftlicher Fachliteratur intuitiv erfasst, muss sie sich jedoch stets bewusst machen, sowohl bei der Formulierungsarbeit als auch bei der Textplanung:

- Fachkompetenz
- Stilkompetenz
- Rhetorische Kompetenz
- Textarchitektur
- Bezugnahme auf Quellen
- Beurteilung des Geleisteten.

Während die Fachkompetenz durch Ausbildung, Examina, berufliche Stellung zu belegen ist, können die Anforderungen der Stilkompetenz und der rhetorischen Kompetenz im Einzelfall größere Probleme bereiten. Stilistik und Rhetorik der Doktorarbeit erfordern eine spezifische Textsortenkompetenz, in deren Nachweis die eigentlichen Schwierigkeiten des Doktoranden begründet sind: Nicht nur, dass diese Textsortenkompetenz in Abhängigkeit von der individuellen Ausbildung, Berufserfahrung und gesellschaftlichen Stellung unterschiedlich ausgeprägt ist; viel entscheidender ist die Fähigkeit, mit dem mehr oder minder bewussten Wissen der Angehörigen der Wissenschaftsgemeinschaft in der sprachlichen Kommunikation adäquat umgehen zu können, d.h. einen den Normvorstellungen entsprechenden Text zu erzeugen.[23]

Die äußere Gestaltungsweise des Texts – zunächst sekundär erscheinend gegenüber der inhaltlichen Seite – ist nicht zu unterschätzen. Die mangelhafte Erfüllung der Erwartungen an formalen Aufbau, Gestaltung der Gliederung, Verwendung grafischer Darstellungen usw. kann die Akzeptanz des Textes beeinträchtigen – die unmittelbar einsichtigen Auswirkungen eines nicht normgerecht verfassten Bewerbungsschreibens mögen stellvertretend als Beleg auch für die gestalterischen Anforderungen an eine Doktorarbeit gelten.

Eine weitere Schwierigkeit besteht in der ständigen Bezugnahme auf Quellen, die der eigenen Argumentationsführung zugrunde liegen. Die ergebnisorientierte Arbeitsweise im Beruf, bei der viele Zusammenhänge als „tacit knowledge" existieren und nicht begründungspflichtig sind, wird im Rahmen der Doktorarbeit abgelöst durch die Logik der Argumentation und Begründung. Zwei Schwierigkeiten sind dabei zu bewältigen: die Doktorarbeit muss eine eigenständige Leistung sein und soll keine Reihung von Zitaten und Verweisen darstellen. Es ist also ein Weg zu finden, eigene Gedanken durch Bezugnahmen auf relevante Quellen zum Ausdruck zu bringen. Das zweite, besonders bei externen Doktoranden auftretende Problem besteht in

---

23 Vgl. dazu Krause, Wolf-Dieter: Text, Textsorte, Textvergleich, in: Adamzik, Kirsten: Textsorten: Reflexionen und Analysen, Tübingen 2000, S. 45-76, hier S. 48 ff.

der Lösung der Frage, welches Wissen notwendiges Grundwissen für die Arbeit darstellt und damit vorausgesetzt werden kann und welches Wissen im Rahmen der Doktorarbeit dargestellt werden muss. Hier kann als Grundregel gelten, dass Grundlagenwissen nicht in einer Doktorarbeit dargestellt wird, es sei denn, ein neuer Gedanke soll vorbereitet werden. Das folgende Beispiel illustriert anschaulich sowohl die Bezugnahme auf Quellen bei der Entwicklung der eigenen Argumentation als auch die explizite Einbeziehung fachlichen Grundwissens:

(x) «**Besteuerung nach der Leistungsfähigkeit bedeutet** zunächst, dass die Steuerlasten auf die einzelnen Steuerpflichtigen im Verhältnis ihrer wirtschaftlichen (und somit steuerlichen) Leistungsfähigkeit zu verteilen sind. **Diese, finanzwissenschaftlich auf Basis opfertheoretischer Konzeptionen begründete, Vorgabe benötigt zu ihrer Umsetzung allerdings einen Maßstab**, an den sie gemessen werden kann."[205] Als solcher ist nach heute ganz herrschender Meinung das Einkommen heranzuziehen.[206] ...Wenn aber das Einkommen unbestritten den Maßstab zur Bestimmung der steuerlichen Leistungsfähigkeit darstellt, so ist die „richtige" Definition des Einkommensbegriffes Voraussetzung für die Bestimmung der „richtigen" (= tatsächlichen) steuerlichen Leistungsfähigkeit. Da eine allgemein gültige, wissenschaftlich exakte Einkommensdefinition allerdings nicht existiert, gibt es – so der Gesetzgeber – auch „keinen wissenschaftlichen Maßstab, nach dem die Leistungsfähigkeit (...) bestimmt werden könnte. **Der Gesetzgeber ist deshalb in seiner Wertung der steuerlichen Leistungsfähigkeit (...) weitgehend frei.**"[208]» (Dietel, 50 f.)

---

[205] Vgl. zur Opfertheorie und zum Leistungsfähigkeitsprinzip Birk, D., Leistungsfähigkeit, 1983, insbesondere S. 23 ff.

[206] Vgl. Birk, D., Leistungsfähigkeit, 1983, S. 33; Döring, U., Realisationsprinzip, in: DStR 1977, S. 271; Walzer, K., Leistungsfähigkeitsprinzip, in StuW 1986, S. 206 ff.; Bach, S., Perspektiven, S. 117; Pezzer, H.-J., Bilanzierungsprinzipien, 1991, S. 11; Lang, J., Bemessungsgrundlage, 1981/1988, S. 104; Steichen, A., Markteinkommenstheorie, 1999, S. 365; Kirchhof, in: Kirchhof/Söhn/Mellinghoff, EStG, § 2 EStG, Rz. A 269 (Stand 04/1992); Tipke, K., Steuerrechtsordnung, Band 1, 2000, S. 481

[208] BT-Drs 7/1470, S. 212

Die letzte spezifische Anforderung an den Autor einer Doktorarbeit besteht im Nachweis der Fähigkeit, die Leistung der eigenen Arbeit zu würdigen. Dabei geht es darum, den eigenen Beitrag zum Erkenntnisfortschritt sowohl engagiert zum Ausdruck zu bringen als auch aus der übergeordneten Sicht des Zusammenhangs zu beurteilen, aus der die in der Arbeit behandelte Problemstellung ursprünglich herausgelöst wurde. Am Ende steht also Bescheidenheit in der Beurteilung der Bedeutung der eigenen Leistung. Formulierungen wie „Es konnte überzeugend gezeigt werden, ...", „Damit liefert diese Arbeit den Schlüssel zum Erfolg ..." o.ä. wären nicht angebracht.

2.5.3 Notwendige Hilfsmittel zur Realisierung der Anforderungen an wissenschaftliche Texte

Die Anforderungen an wissenschaftliches Schreiben können nur bewältigt werden, wenn eine Strategie, Textkompositionsregeln und Verfahrenspläne bewusst zum Einsatz gebracht werden. Die wichtigsten Instrumente sind:

Strategien:

- Arbeits- und Zeitplanung
- Themenauswahl und Eingrenzung
- Bestimmung des Forschungszieles
- Wissensgewinnung durch Lesen, Recherchieren, Interviewen, usw.
- Ordnen und Strukturieren von Wissen, Generierung von Beziehungen zwischen den einzelnen Wissensmengen.

Kompositionsregeln:

- Textmusterwissen (Funktionen, Ziele, Strukturen)
- Normen der Wissenschaftsgemeinschaft (Textgliederung, Fachsprache, Zitierregeln)
- Fachspezifische Muster der Argumentation und Begründung (Argumentationsstil der Wissenschaft)

Verfahrenspläne:

- Anwendung von Methoden der Textrevision
- Regeln der Steuerung des Textherstellungsprozesses

Strategien, Regeln und Pläne sind Bestandteile eines mehrfach revolvierenden Realisierungsprozesses, der in sechs immer wieder zu durchlaufende Phasen geteilt werden kann, wie die folgende Abbildung veranschaulicht:

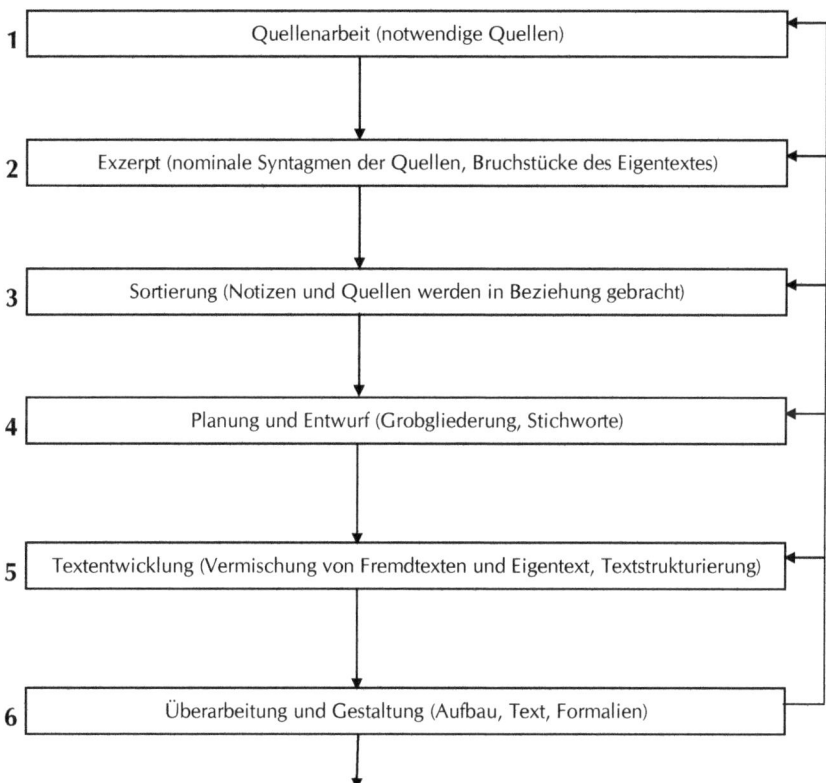

Abb. 4: Entwicklungsphasen einer Doktorarbeit

3. Quelle, Lesen, Schreiben

Beim Verfassen längerer Texte können zwei Bereiche unterschieden werden, die zu Fehlern bzw. Unzulänglichkeiten von schriftlichen Ausarbeitungen führen: Abweichende Textteile und abweichende Prozeduren.[24] Abweichende Textteile sind Passagen, die aus unterschiedlichen Gründen (Stil, Satzbau, Inhalt, Verständlichkeit, Zusammenhang, Logik) Fehler aufweisen bzw. „schwach" sind und für Unzufriedenheit beim Schreiben verantwortlich zeichnen. Abweichende Textteile haben ihre Ursache in abweichenden Prozeduren. Typische Beispiele dafür sind:

- der Schreiber hält sich zu lange mit Vorarbeiten auf, versäumt den richtigen Zeitpunkt für den Schreibbeginn und gerät dadurch unter Zeit- bzw. Legitimationsdruck oder
- der Schreiber beginnt sofort mit dem Formulieren, anstatt vorher Stoff zu sammeln und zu ordnen.

Abweichenden Textpassagen gehen stets abweichende Prozeduren voraus, wogegen abweichende Prozeduren nicht immer zu abweichenden Texten führen müssen. In jedem Falle geht dem eigentlichen Schreibprozess – der Generierung von Gedanken und Formulierungen – eine Reihe von Aktivitäten voraus, die Abbildung 5 illustriert.

Das Verfassen einer Doktorarbeit setzt die Kenntnis und Verarbeitung möglichst aller für die Themenstellung relevanten Quellen voraus. Eine große Zahl von Quellen muss nicht nur gelesen und verstanden, sondern hinsichtlich ihrer Bedeutung für das eigene Thema bewertet und eingeordnet werden.

---

24 Vgl. Keseling, Gisbert: Schreibprozeß und Textstruktur. Empirische Untersuchungen zur Produktion von Zusammenfassungen, Tübingen 1993, S. 19 und 91

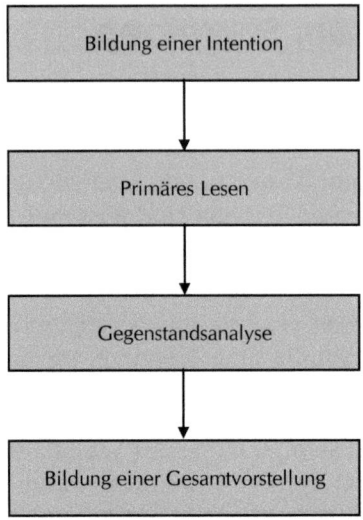

Abb. 5: Aktivitäten vor dem Schreibbeginn

Quellen müssen recherchiert und auf mögliche Themenrelevanz geprüft werden. Dazu werden alle im weitesten Sinne relevanten Quellen ausfindig gemacht, indem nach Schlagworten und Autoren strukturierte Suchstrategien entwickelt werden. Die Literaturverzeichnisse der als „wichtig" erkannten Quellen bieten einen geeigneten Fundus zur Verbreiterung der Literaturbasis.

Die auf diese Art identifizierte Basisliteratur (anfangs sollte man sich auf eine überschaubare Anzahl von ca. 30 Quellen konzentrieren) muss sodann auf ihre Relevanz geprüft werden. Dieser Vorgang ist in der Regel mit dem Markieren bzw. Unterstreichen von Textpassagen verbunden. Das Markieren und Unterstreichen dient aber nicht nur dem Verständnis des Gelesenen, sondern auch der Hervorhebung von Informationen, die in den eigenen Text eingearbeitet werden sollen. Beim Quellenstudium für die Dissertation handelt es sich nicht nur um die Sammlung von Informationen, sondern um ein „Lesen um zu schreiben."

Daraus wird erkennbar, dass der Prozess der Formulierung des Textes in erheblichem Ausmaß von vorausgehenden Aktivitäten beeinflusst und vorstrukturiert wird. Nach dem An- und Unterstreichen von Begriffen und Textpassagen werden möglicherweise Randnotizen angebracht, aus denen Stichwörter und Formulierungsgedanken für den eigenen Text abgeleitet werden. Im Idealfall wird die themenrelevante Literatur entsprechend dem in der folgenden Abbildung dargestellten Schema verarbeitet.[25]

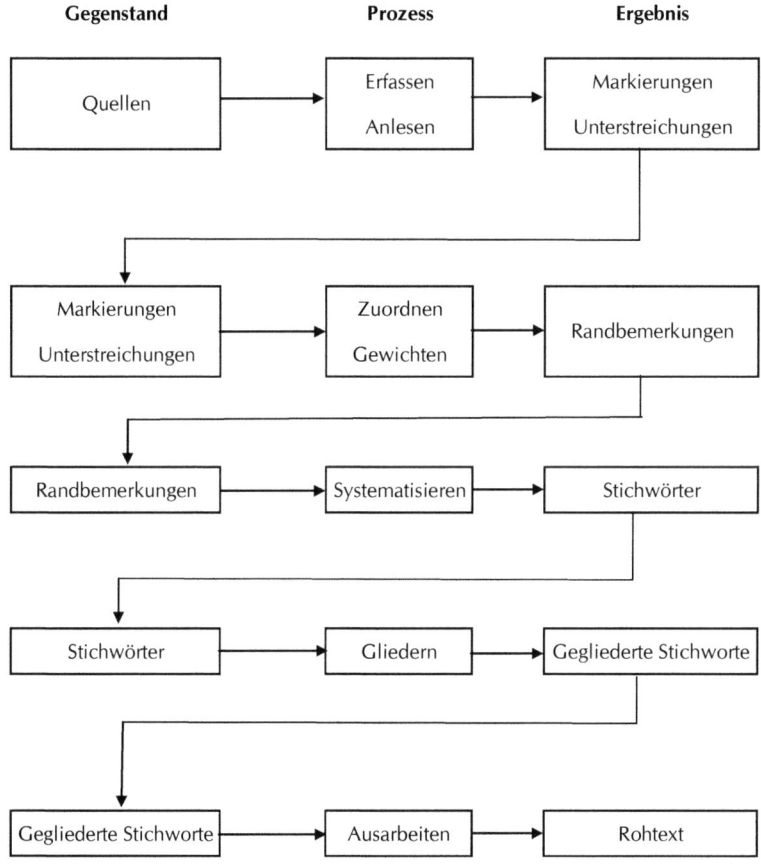

Abb. 6: Arbeitsschritte vom Quellenstudium zum Entwurfstext

---

25 In Anlehnung an Wrobel, Arne: Schreiben als Handlung. Überlegungen und Untersuchungen zur Theorie der Textproduktion, Tübingen 1995, S. 154

4. Die Auseinandersetzung mit dem Thema: Themenentfaltung und Entwicklung der Eigenstruktur des Textes

4.1 Die Einbettung des Themas: Problemstellung – Themenentfaltung – Forschungsergebnisse

„Das Verhältnis eines Textes zu den außersprachlichen Bedingungen und Gegebenheiten ist das oberste, allem vorausliegende und in allem wirksame Maß für einen Autor. Er muss sich darüber klar werden, an welche Adressaten er seine Schrift richtet und was er mit ihr bei ihnen erreichen will. **Schon die ersten Annäherungen an ein Thema werden sich nach diesen Zweckbestimmungen richten, wenn nicht viel überflüssige Arbeit getan werden und das Ergebnis dennoch unbefriedigend bleiben soll.**"[26]

Der Inhalt einer Doktorarbeit hat dementsprechend folgende Leistungskriterien zu erfüllen:

- Identifikation einer in Theorie und Praxis relevanten Problemstellung
- Darstellung aller relevanten Aspekte des Problems
- Ableitung von Lösungsmöglichkeiten für die eingangs formulierte Problemstellung aus den Darlegungen der Arbeit.

Der Zusammenhang «Problem – Thema – Ergebnis» muss sich bereits dem kursorischen Leser erschließen und darf nicht erst durch die mehr oder minder leicht nachvollziehbaren Ausführungen des Gesamttextes deutlich werden.

Die damit verbundene kommunikative Absicht ist eine optimale Anpassung an die Informationsverarbeitungsstrategie: Der fachlich interessierte Leser hat die Möglichkeit, nur bis zur entscheidungsrelevan-

---

[26] So leitet ein Literaturwissenschaftler seine Ausführungen zum Kapitel „Adressatenbezug und Wirkungsintention" ein, Ueding, Gert: Rhetorik des Schreibens. Eine Einführung, Weinheim 1996, S.32

ten Tiefe in eine Informationsquelle einzusteigen. Auf einer so überschaubaren Ebene kann man eine bestimmte inhaltliche Stelle rascher erreichen als durch Lesen von Anfang an. Diesen gestaffelten Zugriff muss der Autor vorsehen wegen der Anonymität der Adressaten und der Unvorhersehbarkeit der Benutzungssituation. Die dergestalt gesteuerte Textnutzung kann als Informationspragmatik[27] bezeichnet werden, die sich wie folgt schematisch darstellen lässt:

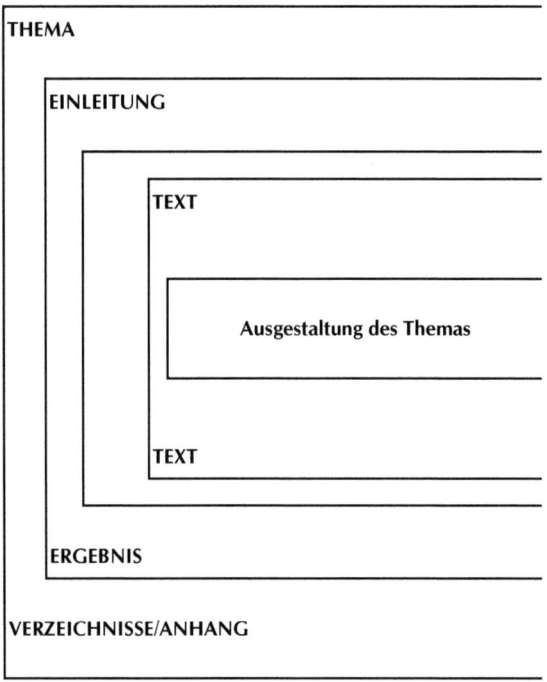

Abb. 7: Einbettung des Dissertationstextes

---

27 nach Hahn, Walther von: Fachkommunikation. Entwicklung – Linguistische Konzepte – Betriebliche Beispiele, Berlin/New York 1983, S. 124

Zur Konkretisierung dieses Einbettungscharakters werden im Folgenden zwei Gliederungen dargestellt und in Zusammenhang mit der formulierten Problemstellung, dem Thema der Dissertation und den Forschungsergebnissen gesetzt. Die jeweils hervorgehobenen Schlüsselwörter sollen die Vorgehensweise verdeutlichen, mit der die Autoren ihre Forschungsabsicht konkretisiert, theoretisch fundiert und das Thema zielführend ausgestaltet haben.

Dissertationsthema:

Post Merger Supply Management. **Neue Perspektiven** für die Theorie und Praxis des Supply Management **im Fusionsintegrationsprozess**.

(Betreuer: Prof. Dr. Dr. h.c. Wolfgang Lück, Technische Universität München)

Untersuchungsgegenstand:

Wirkungsbeziehungen zwischen der Fusionsintegration und dem Supply Management

Inhaltsübersicht:

1. **Problemstellung und Gang der Untersuchung**
   1.1 **Erfolgsdefizite** im Post Merger Integrationsprozess – eine Vernachlässigung des Erfolgs- und Synergiefaktors Einkauf?
   1.2 **Zielsetzung** und Vorgehensweise der Untersuchung
   1.3 Konzeption der **Fallstudienforschung** über das Post Merger Management und das Supply Management in der Fusionspraxis

2. **Analyse der Ausgangssituation** bei Fusionen unter besonderer Berücksichtigung des Supply Management
   2.1 **Charakteristika** des Fusionsprozesses – Erfordernis einer ganzheitlichen Sichtweise des Unternehmens
   2.2 **Dimensionen** des Post Merger Management als kennzeichnende Merkmale des Fusionsintegrationsprozesses
   2.3 **Die Rolle** des Supply Managementsystems **im Unternehmenssystem**

3. **Einflussfaktoren** des Post Merger Supply Management
   3.1 **Ansätze der ökonomischen Theorie** zur Systematisierung der Einflussfaktoren des Post Merger Supply Management

- 3.2 Einflussfaktoren des Post Merger Supply Management in der **Integrationsgestaltung**
- 3.3 Einflussfaktoren des Post Merger Supply Management in der **Integrationsdurchführung und Integrationsüberwachung**

4. **Gestaltungsfelder** für ein erfolgreiches Post Merger Supply Management
   - 4.1 Der integrierte Post Merger Supply Managementansatz – Ableitung von **Handlungsempfehlungen** in den relevanten Gestaltungsfeldern
   - 4.2 Normative und strategische **Elemente** des Supply Management in **der Integrationsgestaltung**
   - 4.3 Normative und strategische Elemente des Supply Management in der Integrationsdurchführung und Integrationsüberwachung

5. Thesenartige Zusammenfassung der **Ergebnisse**

Dissertationsthema:

Personalberatung und Executive Search –
Instrumente der Führungskräftesuche.

(Betreuer: Prof. Dr. Hartmut Kreikebaum, J.-W.-Goethe-Universität Frankfurt am Main und EBS)

Untersuchungsgegenstand:

Beurteilung der **Vorteilhaftigkeit** des Einsatzes von **Personalberatungen**

Inhaltsübersicht

1. **Einleitung**
   - 1.1 **Problemstellung**
   - 1.2 **Begriffliche Abgrenzungen**
   - 1.3 **Gang der Untersuchung**

2. Die **Suche** nach **und Auswahl** von Führungskräften
   - 2.1 Die **Personalsuche** von Unternehmen **im Zeitablauf**
   - 2.2 Die Führungskräfte**beschaffung auf dem** internen und externen **Arbeitsmarkt**
   - 2.3 Die **Methoden der Personalberatung** im Überblick

3. Externe Führungskräfterekrutierung durch Executive Search

   3.1 Die Entstehungsgeschichte des Executive Search
   3.2 Gesetzliche Rahmenbedingungen
   3.3 Gründe für die Nachfrage nach der Dienstleistung Executive Search
   3.4 Kennzeichen des Executive Search-Marktes in Deutschland
   3.5 Merkmale des Executive Search-Berufsleitbildes
   3.6 Der Ablauf der Führungskräfteakquisition
   3.7 Die Konsequenzen für die Executive Search-Beratung

4. Der transaktionskostentheoretische Ansatz im Rahmen der Neuen Institutionenökonomik

   4.1 Markt-Hierarchie-Paradigma und Neue Institutionenökonomik
   4.2 Bedingungen für die Entstehung von Transaktionskosten
   4.3 Einflussgrößen der Transaktionskosten
   4.4 Die Personalberatung als Institution des Marktes

5. Die Personalberatung unter Berücksichtigung der Transaktionskosten

   5.1 Die Personalberatungsleistung als Transaktion
   5.2 Informations- und Unsicherheitsprobleme in Transaktionen zwischen Personalberatungen und Klienten
   5.3 Transaktionskostentheoretische Untersuchung der Methoden der Führungskräfteakquisition

6. Gegenwärtige Konzentrationserscheinungen innerhalb der Personalberatung

   6.1 Externes versus internes Wachstum unter Berücksichtigung der Transaktionskostenproblematik
   6.2 Veränderungen auf dem deutschen Personalberatungsmarkt
   6.3 Gründe für die derzeitige Entwicklung
   6.4 Arten der Konzentration
   6.5 Angebotserweiterung der Personalberatungen als Antwort auf die Konzentrationstendenzen
   6.6 Bewertung der gegenwärtigen Konzentrationserscheinungen

7. Schlussbetrachtung und Ausblick

4.2 Die Entwicklung der Gliederung (Textmakrostruktur)

Die zuvor dargestellten Gliederungsbeispiele zeigen, dass die Struktur eines Textes hierarchisch geordnet ist und aus mehreren Stufen besteht. Durch sukzessive Anwendung der vier Makroregeln:[28]

- AUSLASSEN:
  Weglassen nicht-existentieller Information
- SELEKTIEREN:
  Auswahl der wesentlichen Informationen
- GENERALISIEREN:
  Einführung von Oberbegriffen für Komponenten eines Konzepts (Abstraktion von speziellen Merkmalen)
- INTEGRIEREN:
  Konstruktion von Zusammenhängen zwischen Begriffen

auf die einzelnen Ausführungen des Textes sollen auf der jeweils übergeordneten Stufe immer weiter komprimierte Einheiten entstehen mit dem Ziel, Details, Fakten und Bezüge zu einem größeren Zusammenhang zu führen. Die oberste Stufe stellt die Formulierung des Themas dar.

Die Vorgehensweise zur Entwicklung der Textmakrostruktur geschieht nicht in einer logisch strikten Weise, sondern intuitiv durch Anwendung der beiden Tilgungsregeln Auslassen und Selektieren, in formaler Schreibweise: $(\alpha, \beta, \gamma) \rightarrow \beta$ sowie der beiden Ersetzungsregeln Generalisieren und Konstruieren (Integrieren), formal darstellbar als $(\alpha, \beta, \gamma) \rightarrow \delta$.

Im Aufbau der Gliederung kommen Eigenstruktur und Themenentfaltung einer Doktorarbeit zum Ausdruck. Die Erforschung eines Dissertationsthemas hält sich dabei an eines der erprobten Kategorisierungssysteme und berücksichtigt damit von vorneherein die Einteilungs-

---

28 Vgl. Van Dijk, Teun A.: Textwissenschaft. Eine interdisziplinäre Einführung, München 1980, S. 45

gründe, die bei der abschließenden Anordnung des gesamten recherchierten Stoffes maßgebend sind. Für diese „Rhetorik des Schreibens"[29] sind verschiedene Dispositionsmöglichkeiten entwickelt worden, die auch für Dissertationen von unmittelbarer praktischer Bedeutung sind.

4.2.1 Die dreigliedrige Disposition

Die Grundstruktur der Gliederung jeder wissenschaftlichen Arbeit weist drei Abschnitte A – B – C auf:

- Einleitung
- Hauptteil
- Schluss

Bei dieser Anordnung wird im Hauptteil die Fülle der Gedanken demonstriert. Die strikte Dreiteilung kann durch Aufteilung des Hauptteils auch aufgelöst werden, z.B. nach dem Muster A + B – B – B – C:

A.	Einleitung
A1	Problemstellung
A2 (B)	Grundlagen und Bedeutung des Themas
B.	Hauptteil
B1	Untersuchung des Status quo
B2	Entwicklung einer Konzeption
C.	Schluss
C1	Zusammenfassung und Beurteilung der Ergebnisse

Doktorarbeiten kommen mit diesem (gelockerten) Grundmuster der Gliederung wissenschaftlicher Arbeiten nicht aus. Die thematische Entfaltung einer Dissertation erfordert eine stärkere Differenzierung des Hauptteils und führt zu einer mehr als dreigliedrigen Disposition.

---

29 Ueding, Gert: Rhetorik des Schreibens. Eine Einführung, Weinheim 1996, S. 59

4.2.2 Die viergliedrige Disposition

Der Mittelteil (Hauptteil der dreigliedrigen Ordnung) wird durch zwei polar angeordnete Gedanken geteilt. Diese Konstellation, die dem Schema A – B – B – C folgt, kann für eine Dissertation als Gliederungsvorlage dienen, die eine theoretische Grundlegung (als den einen Pol) in einer beispielhaften Anwendung (als zweiten Pol der Gedankenführung) verifiziert:

«Dissertationsthema:

„Prozessgetriebene multiperspektivische Unternehmenssteuerung. Beispielhafte Betrachtung anhand der deutschen Bausparkassen."

(Betreuer: Prof. Dr. Johann Heinrich von Stein, Universität Hohenheim, 2004)

(A) A. Einleitende Betrachtung

(B) B. Multiperspektivische Organisationstheorie

(B) C. Das PFK-Strategie-Modell als Leitlinie zur praktischen Umsetzung der multiperspektivischen Organisationstheorie

(C) D. Abschließende Betrachtung

Anhang

Literaturverzeichnis»

Das Schema A – B – B – C kann weiterhin für eine spezifische, z.B. steuerrechtliche Analyse adäquat sein, die gesetzliche Rahmenbedingungen (Pol 1) und deren Ausgestaltung (Pol 2) zum Gegenstand hat:

«Dissertationsthema:

„Dauerschuldzinsen auf versicherungstechnische Rückstellungen"

(Betreuer: Prof. Dr. Otto A. Altenburger, Universität Regensburg, 2003)

(A) 1. Einführung

(B) 2. Bei der Analyse der Hinzurechnung von Entgelten für Dauerschulden in Bezug auf die versicherungstechnischen Rückstellungen zu beachtende rechtliche Rahmenbedingungen

(B) 3. Analyse der Hinzurechnung von Entgelten für Dauerschulden in Bezug auf die versicherungstechnischen Rückstellungen im Einzeln

(C) 4. Resümee

Anhang

Literaturverzeichnis»

4.2.3 Die fünfgliedrige Disposition

Der Mittelteil (Hauptteil der dreigliedrigen Ordnung) wird seinerseits dreigeteilt nach dem Muster A – B – B – B – C. Bereits die Aufgliederung des Hauptteils in zwei Partien besitzt die Tendenz zur Verselbständigung. Bei der dreifachen Teilung ergibt sich von selbst die Behandlung der Mitte als selbständige Einheit, die wiederum verschieden gegliedert werden kann. Eine Dreigliederung des Mittelteils bietet sich z.B. an, wenn neben den Kapiteln „Theoretische Grundlegung" und „Praktische Anwendung" ein separates Kapitel über die Durchführung eigener empirischer Untersuchungen in den Hauptteil aufgenommen werden soll:

«**Dissertationsthema:**

„Risk Reporting. Anspruch, Wirklichkeit und Systematik einer umfassenden Risikoberichterstattung deutscher Unternehmen."

(Betreuer: Prof. Dr. Dr. h.c. Wolfgang Lück, Technische Universität München, 2003)

(A) 1. Problemstellung und Gang der Untersuchung

(B) 2. Anspruch an die Risikoberichterstattung deutscher Unternehmen

(B) 3. Empirische Untersuchung zur Wirklichkeit der Risikoberichterstattung deutscher Unternehmen

(B) 4. System zur umfassenden Risikoberichterstattung von Unternehmen: – Comprehensive Risk Reporting System

(C) 5. Thesenartige Zusammenfassung der Ergebnisse

Anhang

Literaturverzeichnis»

4.2.4 Die mehrgliedrige Disposition

Die mehr (als fünf)gliedrige Disposition strebt Vollständigkeit an, darf aber nicht in einer bloßen Aufzählung und Aneinanderreihung bestehen, sondern muss auf das Ziel der Arbeit bezogen sein. Mehrgliedrige Dispositionen können erforderlich werden, wenn der Autor in besonderem Maße

- begriffliche Klärungen (Lüßmann)
- Vorstrukturierungen (Engel)
- zusätzliche Analyseschritte (Krönert) oder
- ergänzende Darstellungen (Obermayr)

für erforderlich hält. Wie die Gliederung aufgebaut werden sollte, hängt vom Einzelfall ab. Im Folgenden wird beispielhaft die achtgliedrige Disposition einer Doktorarbeit dargestellt:

«**Dissertationsthema:**

„Die Konzernrevision in der Management-Holding"

(Betreuer: Prof. Dr. Hartmut Kreikebaum, J.-W.-Goethe-Universität Frankfurt a. M. u. EBS)

(A) 1. Einführung

(B) 2. Die Management-Holding als Handlungsfeld der Konzernrevision

(B) 3. Relevanz ausgewählter prüfungs- und organisationstheoretischer Ansätze zur Bildung eines Bezugsrahmens für potentielle Strukturen der Konzernrevision

(B) 4. Analyse des Beziehungsgeflechts Konzernrevision in der Management-Holding

(B) 5. Auswertung der empirischen Studie und Interpretation der Ergebnisse
(B) 6. Struktur- und Gestaltungsvarianten der Konzernrevision
(B) 7. Corporate Auditing als ergänzende Modifikation der Konzernrevision
(C) 8. Zusammenfassung und Ausblick

Anhang

Literaturverzeichnis»

Einen signifikanten Einfluss auf die Vertextungsstrategie üben Forschungsabsicht, Forschungsthema, Forschungsfrage und Forschungsziel aus. Dabei stellt das Fünfschrittmuster A – B – B – B – C einen geeigneten Orientierungsrahmen zur Entfaltung eines Dissertationsthemas dar.

Einen Gesamtüberblick können die komplexen, meist mehrseitigen Inhaltsverzeichnisse von Dissertationen nicht immer verschaffen. Deswegen gehen Autoren mehrgliedriger oder besonders stark untergliederter Doktorarbeiten verstärkt dazu über, dem Inhaltsverzeichnis eine verkürzte Inhaltsübersicht voranzustellen, die nur die ersten beiden Gliederungsebenen der Textstruktur enthält.

Unabhängig von dem obligatorischen Einführungskapitel „Problemstellung und Gang der Untersuchung" gehen viele Autoren von Doktorarbeiten den Weg einer ergänzenden grafischen Darstellung ihrer Vorgehensweise, die an den Fünfschrittmustern der Argumentation orientiert sind.

Die Vertextungsstrategien weisen Unterschiede zwischen Disziplinen, Paradigmen und Autoren auf. Das folgende Schema zeigt die Kriterien, nach denen argumentative Strukturen bezogen auf Gesamttexte ausgestaltet werden können.[30]

---

30 Vgl. Punkki, Marja/Schröder, Hartmut: Argumentative Strukturen in russischsprachigen Texten der Gesellschaftswissenschaften – Beispiele für paradigmatisch bedingte Argumentation und deren Sprachmittel, in: Kusch, Martin/Schröder, Hartmut (Hrsg.): Text – Interpretation – Argumentation, Hamburg 1989, S. 110-122, hier S. 119 ff.

DIE AUSEINANDERSETZUNG MIT DEM THEMA

Kriterien	Ausprägung	Skalierung 1 2 3 4 5	Ausprägung
Intellektueller Stil	Eher theorieorientiert Wenig empirisch fundiert Eher literaturorientiert		Eher thesenorientiert Empirie zur Illustration Eher faktenorientiert
Argumentation	Linear, Durchgehende thematische Progression		Weniger linear, Exkurse Progression über Hyperthema
Rhetorische Mittel	Berufung auf Autoritäten (Koryphäen, Gesetze, Rechtsprechung)		Berufung auf Fakten (empirische Erhebungen)
Funktion von Zitaten	Bestätigung		Beleg

Abb. 8: Kriterien der Eigenstruktur und Themenentfaltung im Gesamttext

Trotz erheblicher themenspezifischer Gestaltungsspielräume, die letztlich die erforderliche Eigenstruktur eines Dissertationstextes konstituieren, kann auch im Bereich der Themenentfaltung die Bildung von Invarianzen festgestellt werden. Die Ursache dafür liegt in den umfassenden Möglichkeiten der Standardsoftware, mit der grafische und tabellarische Darstellungen problemlos in den Text eingebunden werden können. Je nach Themenstellung und Vorlieben des Autors sind heutzutage 30 bis über 50 Textgrafiken keine Seltenheit mehr, das Abbildungsverzeichnis ist faktisch zum obligatorischen Bestandteil der das Inhaltsverzeichnis ergänzenden Verzeichnisse geworden.

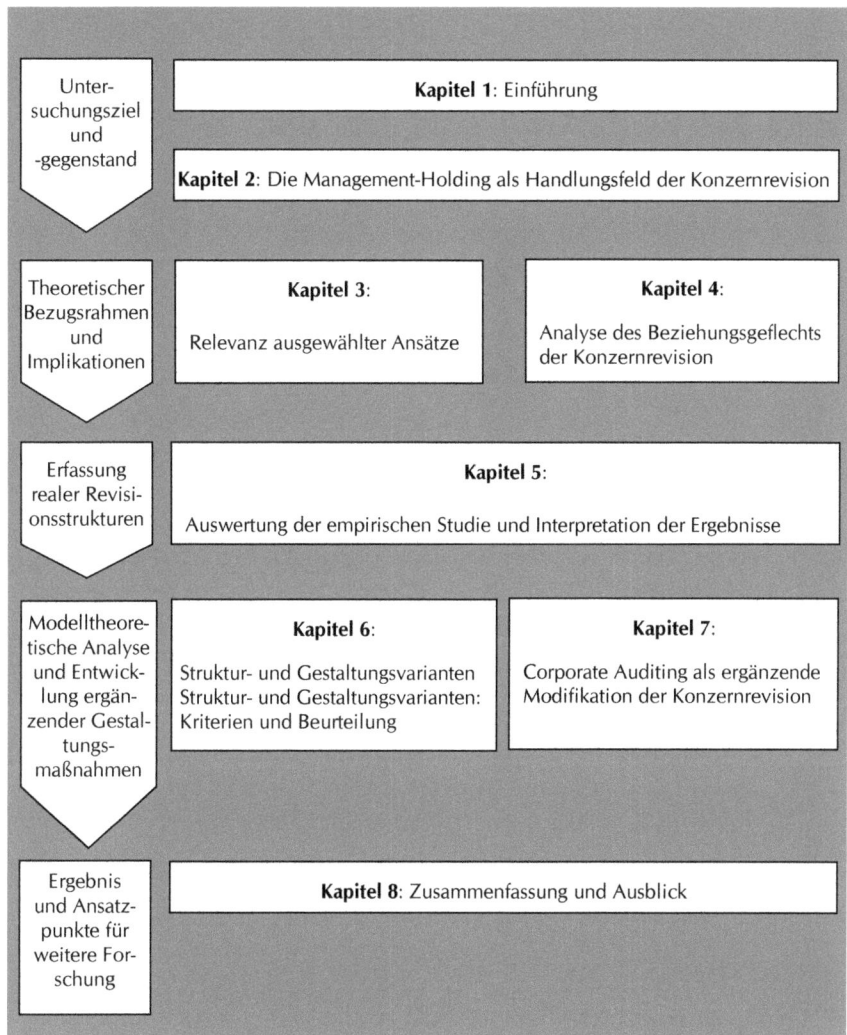

Abb. 9: Beispieldarstellung der Eigenstruktur und Themenentfaltung des Gesamttexts

Es ist jedoch nicht die zunehmende Anzahl von Abbildungen und Tabellen, die die neuartige Invarianz in Doktorarbeiten ausmachen. Diese Entwicklung ist eher positiv zu sehen, denn die nicht selten über

300 Seiten langen Arbeiten stellen dadurch keine „Textwüsten" dar. Der Trend zur grafischen Veranschaulichung hat auch dazu geführt, dass nicht nur die Untermauerung von Argumenten, sondern auch die Darlegung des Aufbaus der Arbeit – verbal darzustellen in den einleitenden Kapiteln „Einführung, Problemstellung, Zielsetzung der Arbeit, Gang der Untersuchung" – immer häufiger durch Ablaufdiagramme unterstützt wird. Ein besonders anschauliches Beispiel hat Gerhard Obermayr in der bereits dargestellten Dissertation „Die Konzernrevision in der Management-Holding" vollzogen. Dieses ist in Abbildung 9 z.T. leicht verändert wiedergegeben.

4.3 Die Entwicklung der Textmikrostruktur

4.3.1 Die Detaillierung der Gliederung und die Expansion des Textes

Die Vorstellungen zur Textmakrostruktur – die vorläufige Grobgliederung – bilden den organisatorischen Rahmen der Arbeit. Selbst wenn dieser Rahmen zunächst nur vage entwickelt sein kann, bestimmt er über die Reihenfolge der im Gesamttext zu verarbeitenden Informationen. Die Untergliederung der einzelnen Kapitel, Unterkapitel und der jeweiligen Texte kann nach verschiedenen Strategien konzipiert werden:[31]

- Anordnung nach der zeitlichen Abfolge bzw. nach der Bedingtheit
- Anordnung nach dem Prinzip des Fortschreitens
- Anordnung nach dem Verständnis des Gesamtzusammenhangs
- Anordnung nach den Fakten.

Diese natürliche Anordnung wird in der Regel mehrfach modifiziert: die komplexen Zusammenhänge erfordern eine vorläufige Anordnung

---

31 Vgl. Van Dijk, Teun A./Kintsch, Walter: Strategies of Discourse Comprehension, Orlando 1983, S. 274 ff.

der einzelnen Gliederungsebenen nach den im Folgenden dargestellten weiteren Kriterien. Der endgültigen Gliederung ist nicht anzusehen, welche Entwicklungs- und Veränderungsphasen ihr vorausgegangen sind:

- nach der Erarbeitung der Einzelheiten

Das Verständnis der Zusammenhänge beeinflusst sowohl die Relevanz von Gliederungspunkten als auch deren Anordnung. Schwerpunkte können mit zunehmender Durchdringung der Materie eine andere Gewichtung sinnvoll erscheinen lassen, einzelne Punkte können – auch bedingt durch Umfang und Qualität verfügbarer Quellen – in ihrer Bedeutung für das Thema stärker hervortreten oder in den Hintergrund rücken. Gliederungsentwürfe müssen daher permanent überarbeitet und weiterentwickelt werden;

- nach den pragmatischen Gesichtspunkten des gewählten Untersuchungsansatzes

Der gewählte Untersuchungsansatz bestimmt auch die Form der Untergliederung. Induktive Ansätze setzen an einzelnen Gestaltungsmerkmalen einer Konzeption an und entwickeln daraus Ansatzpunkte einer Neukonzeption. Folglich werden Feststellungen zu einzelnen Ausprägungen und Wirkungen einer Konzeption nach der Reihenfolge ihrer Bedeutung für die zu entwickelnde Lösung dargestellt.

Während im induktiven Ansatz aus realen Befunden (Belegen) Forschungshypothesen entwickelt werden, geht die Deduktion den umgekehrten Weg. Aus realen Beobachtungen und Überlegungen werden Forschungshypothesen gebildet, die anschließend durch Belege erhärtet werden. Während bei der Induktion (= von den vorgefundenen Einzelheiten zur Gesetzmäßigkeit einer Erscheinung) der Erkenntnisfortschritt am Ende einer Begründungskette steht, bildet er bei der Deduktion (= von dem postulierten Wirkungszusammenhang zur Isolation der Bedeutung einzelner Faktoren) den Ausgangspunkt. Im Falle der Induktion steht das neuartige Ergebnis im Mittelpunkt des Interesses, im Fall der Deduktion der neuartige Erklärungsansatz. Zwangsläufig ergeben sich aus diesen unterschiedlichen Forschungsansätzen unterschiedliche Formen der Darstellung;

- nach der Vermittelbarkeit an den Leser

In der Regel werden Informationen nach den Chancen ihrer Akzeptanz durch den Leser präsentiert, d.h. evidente Aspekte werden vor schwieriger nachvollziehbaren und stärker erläuterungsbedürftigen Informationen eingeordnet. Angestrebt wird dadurch die Schaffung einer kooperativen statt einer konfligierenden Beziehung zwischen Autor und Leser.

Die Interaktion mit dem Leser kann es sinnvoll erscheinen lassen, erst einen Argumentationsschluss zu formulieren und dann die einzelnen Argumentationsschritte darzulegen;

- nach rhetorischen Gesichtspunkten

Wichtige Dinge stehen am Schluss. Solche oder ähnliche Aspekte der Erhaltung des Leserinteresses spielen auch in Doktorarbeiten eine Rolle. Sowohl die Verständlichkeit als auch die Überzeugungskraft der Argumentationsführung können durch unterschiedliche Reihung an sich gleichgewichtiger Punkte gesteuert werden.

4.3.2 Allgemeine Strategien der Textkohärenz

Die Anfertigung einer Doktorarbeit besteht aus mehreren konstitutiven Teilhandlungen. Jede Doktorarbeit bereitet einen neuen Gedanken – den so genannten Erkenntnisfortschritt – vor. Die folgende Abbildung zeigt in idealisierter Form die dabei zu realisierende Handlungshierarchie.

DIE AUSEINANDERSETZUNG MIT DEM THEMA 53

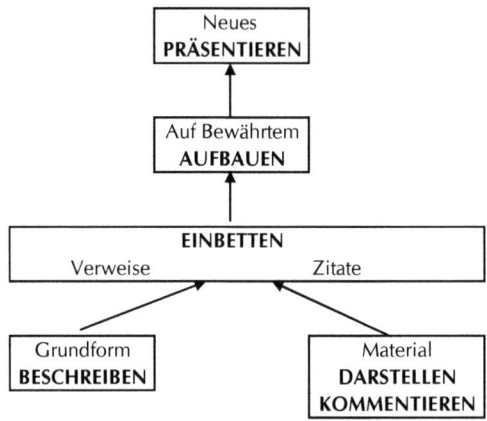

Abb. 10: Handlungshierarchie einer Doktorarbeit

Die Entwicklung der Untergliederung erfolgt zunächst innerhalb der Makrostruktur kapitel- und unterkapitelweise. Orientierung gibt dabei die angestrebte Entwicklung des Informationskontextes sowie die oben beschriebenen pragmatischen, rhetorischen und adressatenorientierten Zielsetzungen. Auf diese Weise hat sich eine erste grobe Vorstellung über die Inhalte der einzelnen Gliederungspunkte entwickelt, m.a.W. es liegt eine Basis für die Formulierung von Text vor.

Kohärenz bedeutet, dass es einen erkennbaren Zusammenhang der Textteile untereinander gibt.[32] Jede Textpassage hat entweder einen Ausgangspunkt oder schließt an eine vorherige Passage an, d.h. die in der Überschrift zum Ausdruck gebrachten Inhalte werden in Strategien der Satzformulierung konkretisiert. Satzaussagen und Satzinhalte müssen in die Intention des jeweiligen Hauptkapitels eingebettet sein und Informationen entsprechend der Gliederungsstrategie vermitteln. Die Entwicklung von Texten erfolgt gemäß der folgenden Bedingungen einer „Textexpansionsstrategie":

---

32 Vgl. Rothkegel, Annely: Textualisieren. Theorie und Computermodell der Textproduktion, Frankfurt am Main 1993, S. 105

- Jeder Satz bzw. jede sich über mehrere Sätze erstreckende Aussage sollte das in der Überschrift formulierte Thema des Kapitels nicht nur zum Gegenstand haben, sondern im Vergleich zu den anderen Sätzen jeweils spezifizieren.

- Die Aussage von Sätzen bringt die Vermittlungsstrategie, die mit der übergeordneten Gliederung verfolgt wird, zum Ausdruck (pragmatisch, Vermittelbarkeit, Rhetorik).

- Satzfolgen werden nach aufeinander aufbauenden Aussagen gebildet.

- Neue Absätze führen entweder einen neuen Aspekt des behandelten Problems ein oder betrachten denselben Aspekt unter veränderten Voraussetzungen oder Standpunkten (Alterität oder Equalität als Sequentierungsprinzip).

4.3.3 Sequenzmuster

Textspezifische Ordnungen sind, wie oben dargelegt, unabhängig von natürlichen Ordnungen. Sie haben zur Konsequenz – da sie sich dem Leser nicht von selbst erschließen – dass sprachlich explizite Verknüpfungen hergestellt werden müssen.

Sequenzmuster sind Mittel der Gegenüberstellung

1. Gliederungssequenz

2. Argumentationssequenz und

3. Formulierungsvorgaben für Sequenzpositionen

sind die allgemeinen Sequenzmuster für wissenschaftliche Texte. Zu unterscheiden ist zwischen zwei Sequenzierungsprinzipien: Wiederholung/Equalität und Wechsel/Alterität. Typisch sind so genannte „Gliederungssignale", die der Verständnissicherung dienen. Gliederungssignale können

1. global für den Text relevant sein (z.B. Kapitelüberschriften, ...) oder
2. innerhalb der Gliederung orientieren (Konnexion durch Textreferenz)[33]

Beim Aufbau einer sequentiellen Struktur werden Textsegmente verknüpft, die als Wiederholung des Gleichen strukturiert sind und dadurch zur Komplettierung des Textes beitragen (Equalität) oder durch Anschluss anderer Ausführungen (Alterität) zustande kommen. Es ist also die Texteigenschaft der Rekurrenz – des wiederholten Vorkommens von Einheiten – die den Einsatz grafischer (Nummerierung, Aufzählungszeichen) und sprachlicher Gliederungssignale begünstigen.

Ein Textabschnitt kann als „Informationseinheit"[34] angesehen werden, dem eine Idee zugrunde liegt. Er gilt als gelungen, wenn die Idee in der Texteinheit vollständig entwickelt wird und dem Leser die Idee verständlich wird. Für die Einheit eines Textsegmentes sind Prinzipien und Methoden erkennbar, die zur Strukturierung wissenschaftlicher Texte eingesetzt werden und einen Textabschnitt als Zwischenstufe zwischen dem einzelnen Satz und dem Textganzen konstituieren. In der Reihenfolge ihrer Bedeutung können in wissenschaftlichen Arbeiten die folgenden Textabschnitte identifiziert werden:

- Angabe von Begründungen
- Neutrale Beschreibungen (Darstellung von Fakten, Vorgängen usw.)
- Definitorische Festlegung von Begriffen
- Angabe von Beispielen
- Ziehen von Vergleichen, Generalisierungen und strukturelle Einordnungen in Relation von Teil und Ganzem

Unter dem Aspekt des Verständnisses des Lesers – neben der Entwicklung der Idee des Textes das zweite Merkmal eines gelungenen Textabschnittes – werden diese Merkmale in Kategorien eingeteilt:

---

33 Nach Rothkegel, Annely: Textualisieren. Theorie und Computermodell der Textproduktion, Frankfurt am Main 1993, S. 132 ff. und S. 141 ff.
34 Hüning, Wolfgang: Der Paragraph als pragmatische Einheit zwischen Satz und Text, in: Linguistik und Didaktik 11/1980, S. 295-318, hier S. 299

1. Beschreibung
2. Erklärung
3. Argumentation
4. Beurteilung

Die Kategorisierung der Textabschnitte bildet den übergeordneten pragmatischen Rahmen, nach denen die wichtigsten Typen von Textabschnitten systematisiert werden können. Die folgende Zusammenstellung[35] stellt keine vollständige, eindeutig abgrenzbare Systematik von Textabschnitten dar, liefert jedoch eine praktisch verwertbare Gliederung:

1. Beschreibung
1.1 Darstellung, Bericht
1.2 Diagnose
1.3 Entlarvung
1.4 Bezug (sachlich, zeitlich, lokal)
1.5 Vergleich
1.6 Analogie
1.7 Einflechtung, Exkurs
1.8 Zusammenfassung

2. Erklärung
2.1 Definition
2.2 Synonyme
2.3 Gegensatz
2.4 Klassifikation
2.5 Illustration, Erläuterung
2.6 Angabe von Beispielen
2.7 Auslegung, Deutung

3. Argumentation
3.1 Implikation
3.2 Hypothese, Annahmen
3.3 Folgerung (Induktion, Deduktion)
3.4 Begründen, Beweisen
3.5 (Begründete) Anerkennung
3.6 (Begründete) Ablehnung
3.7 Konzession
3.8 Einräumung
3.9 Aufstellen von Bedingungen (und Aufzeigen der Folgen)
3.10 Voraussetzen

---

35 In Anlehnung an Hüning, Wolfgang: Der Paragraph als pragmatische Einheit zwischen Satz und Text, in: Linguistik und Didaktik 11/1980, S. 295-318, hier S. 203 ff.

3.11 Generalisieren
3.12 Einschränken, Widerrufen
4. Beurteilung
4.1 Meinungsäußerung
4.1.1 Zustimmung, Bestätigung
4.1.2 Ablehnung, Verneinung
4.1.3 Zweifel, Bedenken
4.1.4 Anmerkungen
4.1.5 Zugeben
4.1.6 Prognostizieren
4.1.7 Betonen
4.1.8 Überraschung
4.2 Auffordern, Vorschlagen
4.3 Warnen
4.4 Loben
4.5 Verurteilen, Kritisieren

Abb. 11: Systematik der internen Strukturierung von Textpassagen der Dissertation

Sequentierung durch Nummerierung

Die unmittelbarste Form der Sequentierung wird durch Nummerierung hergestellt. In der Gliederung (Makro- und Mikrostruktur) erfolgt dies durch Verwendung der Dezimalgliederung, der alphabetischen Gliederung oder einer Mischform. Auf Textebene gelangen Spiegelstriche oder andere Aufzählungszeichen sowie die Nummerierung zum Einsatz:

(x) «Mitarbeiterbezogene Probleme

Eine prozessorientierte Organisation stellt an die Mitarbeiter erheblich höhere Anforderungen als eine funktionsorientierte:

1. Das Denken in Prozessen
...
2. Fachliches Qualifikationsniveau in der Breite
...
3. Teamfähigkeit und Lernbereitschaft in einem schnelllebigen Umfeld»
... (Schäfer, 96 f.)

Die Reihenfolge ergibt sich nicht zwingend aus einer natürlichen Anordnung, sondern aus dem Kontext und der Intention des Textes.

Sequentierung durch sprachliche Konnektoren

In Dissertationen spielt die Ausgestaltung von Textverbindungen durch Worte eine vergleichsweise untergeordnete Rolle, gemessen an der Bedeutung der Gliederung durch aussagekräftige Überschriften. Eine Dissertation weist meist drei, oft auch vier Gliederungsebenen auf, so dass sich relativ kurze zusammenhängende Texte ergeben, die in sich durch weitere Untergliederungen (Aufzählungen, Kriterien, Aspekte) sowie Schaubilder und Schemata nochmals strukturiert werden können. Daraus ergeben sich kleine Texteinheiten, oftmals nicht länger als eine halbe bis eine Seite sowie zusätzliche Strukturierungen durch textergänzende Abbildungen und Tabellen, Einschub wörtlicher Zitate im Text und Erläuterungen, Anmerkungen und Verweise in Fußnoten. Es erscheint bedeutend wichtiger, ein Dissertationsthema durch Überschriften, Aufzählungen, Abbildungen, Zitate und Verweise zu strukturieren, als Textübergänge mit einer expliziten sprachlichen Verknüpfung zu kennzeichnen. Ebenso wie die unauffälligen, für das Verständnis aber entscheidenden Argumentationssignale sind auch die Gliederungssignale im Text durch stereotype Formulierungsmuster gekennzeichnet.[36]

Als Gliederungssignale auf Textebene werden so genannte Konnektoren eingesetzt, z.B.

1. Konjunktionen [und, während, zumal, hierbei, insbesondere, weiterhin, somit...]

2. Attribute [erste, zweite, folgende, nächste, letzte, ...]

3. Adverbien [einleitend, abschließend, zusammenfassend, insgesamt, ...]

4. Verben [beginnen, anschließen, abschließen, ...]

---

36 Vgl. Sandig, Barbara: Formulieren und Textmuster – Am Beispiel von Wissenschaftstexten, in: Jakobs, Eva-Maria/Knorr, Dagmar (Hrsg.): Schreiben in den Wissenschaften, Frankfurt am Main 1997, S. 24-44, hier S. 33

5. Negations- bzw. Affirmationspartikel [nicht nur – sondern auch, nicht – vielmehr, wenn – dann, ...]
6. Deiktische Ausdrücke [dabei, hier, ...]

Sprachliche Konnektoren können

1. ein Kapitel einleiten

(x) «**Im Folgenden wird diskutiert**, welche zusätzlichen Koordinationsmaßnahmen geeignet sind, dezentrale Konzernrevisionen bei weitgehender Minimierung von Zielkonflikten auf ein gemeinsames Konzernziel auszurichten, um die Effizienz des Gesamtsystems Interne Revision in der Management-Holding zu steigern. **Dazu wird** ein Gestaltungsansatz vorgestellt, der darauf abzielt, die Effizienz der Konzernrevision bei weitgehender Dezentralisation der Revisionsaktivitäten in der Management-Holding im Sinne der Gesamtzielsetzung dieses Führungs- und Strukturkonzeptes zu erhöhen.» (Obermayr, 230)

Nach dem einleitenden „Im Folgenden" gibt „Dazu" am Anfang des zweiten Satzes das Signal des nächsten Schrittes der Textgliederung.

2. die Überleitung zwischen zwei Kapiteln bilden oder den Bezug zu bisherigen Ausführungen herstellen:

(x) «**In den vorangegangenen Kapiteln wurde bereits deutlich, dass** allein der Prozessansatz **nicht ausreichend ist**, um alle Anforderungen des Unternehmens nach Information und Transparenz zu erfüllen. Im Rahmen der Multiperspektivischen Organisationstheorie **ist es** – wie bereits mehrfach angesprochen – **vielmehr notwendig**, das Unternehmen aus unterschiedlichen Perspektiven betrachten zu können. **Um dies zu gewährleisten, bedarf es** sowohl für die Präferenzstruktur (hier: Prozesssicht) als auch für jede als relevant eingestufte Sekundärstruktur (hier: Funktionale Sicht, Kanalsicht) perspektivenspezifischer Kennzahlensysteme, **die im Folgenden** auf der Grundlage des Konzepts der Balanced Scorecard **hergeleitet werden**.» (Schäfer, 111)

(x) «Mit der Entwicklung des Normensystems **im letzten Kapitel ist die Basis geschaffen**, die es ermöglicht, die bestehenden Rechnungslegungssysteme im Hinblick auf ihre entscheidungsunterstützende Informationsorientierung für Kapitalanleger zu untersuchen. ... **Dieses Kapitel stellt zunächst kurz die Konzeption** der US-GAAP **dar** und **geht dann auf einige ausgesuchte Bilanzierungsfelder** durch eine Darstellung der Einzelfallregelungen **direkt ein**. **Eine kritische Würdigung** der Konzeption und der Einzelfallregelungen **erfolgt jeweils im Anschluss an die einzelnen Abschnitte**.» (Krönert, 136)

(x) «**Wie die vorherigen Ausführungen zeigen,** wird die Gesamtheit der qualitativen Merkmale bisher mehr oder weniger subjektiv in den Kreditbeurteilungsprozess einbezogen.» (Eigermann, 89)

(x) «**Wie oben dargestellt,** lässt sich eine gleichmäßige Besteuerung aufgrund der Schwierigkeiten, die mit der Abgrenzung von gleichen und ungleichen Sachverhalten in der konkreten Lebenswirklichkeit verbunden sind, im Einzelfall nur schwer definieren.» (Dietel, 43)

Die Beispiele illustrieren eine Doppelfunktion: die gewählten Formulierungen strukturieren einerseits den Text an der Oberfläche, d.h. durch Worte und unterstützen damit die Gliederung in Kapitel und Absätze. Schwierige Texte werden durch diese Untergliederungen leichter lesbar und besser verständlich. Weiterhin haben die einleitenden, den Text zusammenfassenden Formulierungen („In den vorangegangenen Kapiteln ...", „ ...im letzten Kapitel ...", „ ...die vorherigen Ausführungen ...", „Wie oben dargestellt, ...") auch eine Entlastungsfunktion, weil sie die Aufmerksamkeit des Lesers auf das Wesentliche der folgenden Argumentation lenken.

3. einen längeren Abschnitt untergliedern

(x) «**In diesem Kapitel wird der Entscheidungsprozess zur Konkretisierung des Leistungsgegenstandes betrachtet.** Dies bedingt einen Perspektivenwechsel von der weitgehend institutionellen, statischen Betrachtung hin zu einem entscheidungsorientierten, prozessualen Blickwinkel. **Dabei orientiert sich die Anordnung der Abschnitte dieses Kapitels an** der Vorgehensweise der involvierten Parteien und entspricht somit **der** in der Praxis üblichen, **schrittweisen Konkretisierung** der Finanzierungsbeziehung **vom Allgemeinen zum Speziellen.**

Den Ausgangspunkt der Ausführungen **bildet** ...(Danach) **findet eine** handlungsobjektbezogene **Konkretisierung** in Form einer zweiseitigen bewertungsbasierten Entscheidung **statt.** ... Sobald die potentiellen Vertragsparteien feststehen, **mündet das Vorgehen in** einen Kommunikationsprozess ...» (Engel, 201)

4. oder dem folgenden Abschnitt oder dem Schluss besonderes Gewicht verleihen.

(x) «**Die Untersuchungsergebnisse verdeutlichen die Notwendigkeit** für die Entwicklung eines umfassenden Risikoberichtssystems; **sie liefern zugleich wertvolle Hinweise für die praxisorientierte Gestaltung** eines solchen Systems.» (Bungartz, 110)

(x) «**Zusammenfassend lässt sich feststellen,** dass der Analytische Hierarchie Prozess geeignet ist, mehrere Kriterien bzw. Ziele gleichzeitig zu bewerten.» (Deglow, 149)

4.3.4 Zwischenüberschriften und Textrekurrenz

Voraussetzung zur strukturierten Ausarbeitung des Hauptteils der Doktorarbeit ist, dass im Rahmen der bisherigen Erarbeitung des Themas ausreichende Kenntnisse erworben wurden, die eine vertiefende und detaillierte Auseinandersetzung mit der (eventuell noch nicht hinreichend identifizierten) Problematik des Dissertationsthemas ermöglichen.

Es entspricht nämlich dem Normalfall, dass sich ein Themenbezug erst bei der Ausformulierung endgültig ergibt, dass vermeintliche Schwerpunkte in den Hintergrund rücken, scheinbar Nebensächliches an Bedeutung gewinnt und die Argumentation um neue Gesichtspunkte ergänzt wird, je tiefer man in die Zusammenhänge eines Themas vordringt. Nur wenige Schreiber haben vor dem Schreibbeginn alle inhaltlichen Fragen restlos geklärt.[37] Wesentlicher Bestandteil des Prozesses der Themenentfaltung ist daher die Entwicklung aussagekräfti-

---

37 Vgl. dazu das Kapitel „Schreibtyp und Schreibprozeß" in: Vollmer, Hans-Ulrich/Lauterbach, Andrea: Erfolgreich extern promoviert werden als Wirtschaftsprüfer/Steuerberater, Sternenfels 2005, S. 82 ff.

ger Zwischenüberschriften unterhalb der Kapitelstruktur des entstehenden Gesamttextes, die die Führung des Lesers durch den Text übernehmen und auf die inhaltlichen Schwerpunkte hinweisen.

Aufeinander folgende Textabschnitte (Gliederungspunkte) sollen möglichst abgeschlossen formuliert, unabhängig voneinander lesbar und verständlich sein. Eine gute Gliederung muss „Mauern"[38] haben, die die Textabschnitte voneinander trennt. Diese plakative Forderung ist in einer Doktorarbeit, die systematisch nach den Prinzipien „Vom Allgemeinen zum Speziellen", „Vom Einfachen zum Komplexen" und „Vom Bekannten zum Neuen" strukturiert wird, nicht immer einfach zu erfüllen.

Im Grunde ist eine Dissertation ein von Anfang bis Ende durchgängig erläuternd und argumentativ aufgebauter Text, der nur aus Gründen der Überschaubarkeit und der Orientierung des Lesers durch Überschriften unterbrochen wird. Als Integrationsklammer wirken der Hypertext, d.h. das im Thema zum Ausdruck gebrachte Untersuchungsziel und der alle Teile der Arbeit verbindende Forschungsansatz. Die folgenden Beispiele zeigen, dass Unterabschnitte keine vollkommen geschlossen formulierten Einheiten sein müssen, sondern rekurrent auf vorangegangene Ausführungen folgen können:

(x) «**III. Folgerungen für das deutsche Recht** < 2. Gliederungsebene>

Die rechtlichen Konsequenzen der Einführung gewinnwirksamer Zeitwertbilanzierung **sind** im deutschen Recht **also erheblich**. ... Während im Kapitalgesellschaftsrecht die Interessen anderer Beteiligter ... längst als schützenswert anerkannt sind, wird hingegen im Bilanzrecht bis heute heftig gestritten, ob **ausschließlich die Gläubigerschutzinteressen** dessen Schutz genießen oder ob nicht gleichermaßen die anderen Interessengruppen in seinen Schutz einbezogen sein sollen. Es wird daher in diesem Zusammenhang weitergehend zu untersuchen sein, ob nicht andere Interessengruppen mindestens gleichwertige Schutzinteressen haben und wie ein modernes System des Interessenausgleichs im Unternehmen aussehen könnte.

---

38 Werder, Lutz von: Kreatives Schreiben in den Wissenschaften, Berlin/Milow 1995, S. 64

1. **Informations- statt Ausschüttungsbemessungsfunktion der Handelsbilanz** < 3. Gliederungsebene>

2. **Die Relativierung des Vorsichtsprinzips** und seiner Bedeutung für die handelsrechtliche Rechnungslegung durch die Einführung von Zeitwertbilanzierung **bewirkt eine deutliche Zurückdrängung des Gläubigerschutzgedankens**. ...» (Lußmann, 196 ff.)

In diesem Beispiel wird über mehrere Gliederungsebenen hinweg an vorangegangene Ausführungen angeschlossen: im ersten Absatz auf den vorangegangenen Gliederungspunkt derselben Ebene und dessen Unterpunkte (dokumentiert durch das konkludierende „also"). Im zweiten Absatz wird direkt an die Argumentation der übergeordneten Ebene angeknüpft bzw. deren Quintessenz wiederaufgenommen, ohne die strukturierende Funktion der Zwischenüberschrift in die Formulierung einzubeziehen. Zwar gibt es Möglichkeiten, die Kohärenz zwischen den Teiltexten durch Quer- und Rückverweise herzustellen („wie oben ausgeführt, ...", „wie bereits erläutert, ..." usw.), diese werden aus stilistischen Gründen (stereotype Floskeln) und textökonomischen Gründen aber nicht durchgängig eingesetzt. Stattdessen folgen Teiltexte oft nur in einer Art „pragmatischen Kohärenz" aufeinander.

Das Beispiel macht deutlich, dass eine ausformulierte Argumentation nicht unter allen Umständen in das Korsett einer Gliederung zu zwingen ist, deren überblicksartige Kapitelüberschriften am Primat des „Roten Fadens" orientiert sind, während der Textaufbauplan einer in sich geschlossenen Argumentation folgt, die – gleich dem am Bilanzstichtag abzugrenzenden Geschäftsvorfall – durch eine makrostrukturierende Kapitelüberschrift unterbrochen werden muss. Für die Formulierungsarbeit bedeutet dies, dass der Autor einer Doktorarbeit seine Gedankengänge frei entwickelt und erst seine Formulierungsergebnisse in eine endgültige Gliederung umsetzt. Gliederung und Texte bedürfen daher der permanenten Weiterentwicklung, um ein Maximum an Textkohärenz zu erreichen.

Fazit dieser Darstellungen ist, dass Zwischenüberschriften den Gesamttext strukturieren, um dem Leser den Überblick über den Aufbau der Arbeit zu ermöglichen. Fachtexte sind komplexe, auf mehreren

Ebenen strukturierte Gebilde.[39] Sie bestehen aus Teiltexten, die wiederum eine eigene systematische Struktur aufweisen. Am ehesten zu vereinheitlichen ist die Textmakrostruktur, d.i. die Art und Abfolge der Teiltexte im Gesamttext.

Bei der schnellen Informationsentnahme (z.b. aus dem Inhaltsverzeichnis) und beim kursorischen Lesen ist eine weitgehende Vereinheitlichung der Textmakrostruktur von Vorteil. Die Koordination der (gegebenen) Kohärenz einzelner (argumentativer) Textabschnitte untereinander mit den Inhalten der Überschriften von Gliederungsebenen kann im Einzelfall nahezu unmöglich sein, weil Überschriften keine begründende oder argumentative, sondern eine rezeptionssteuernde (leserführende) Funktion haben. Aus stilistischen und textökonomischen Gründen wird auf einen häufigen Einsatz stereotyper Formulierungen für Rück- und Querverweise – womit dieses Problem behoben werden könnte – in der Regel verzichtet und eine „pragmatische Kohärenz" angestrebt.

4.3.5 Zusammenfassung von Zwischenergebnissen

Die weitgehend additive Aneinanderreihung von Unterkapiteln entspricht bis zu einem gewissen Grade den jeweils in der Einleitung genannten Zielen der Arbeit. Deshalb ist es nicht in jedem Fall erforderlich, in einem neuen Kapitel explizit den Zusammenhang mit vorausgehenden oder früheren Textteilen deutlich zu machen.[40] Durch Zwischenüberschriften wird hinreichend klar, dass ein neues Thema oder Unterthema beginnt, so dass die Einordnung in das Textganze jeweils erreicht wird. Allerdings wird die Lesbarkeit und damit auch die Nachvollziehbarkeit der Argumentation erschwert, in jedem Falle für den Leser, der sich nur schwerpunktweise oder überblicksartig mit dem Gesamttext auseinandersetzt.

---

39 Vgl. Oldenburg, Hermann: Das Problem der Normung von Fachtextsorten, in: Kalverkämper, Hartwig/Baumann, Klaus-Dieter (Hg.): Fachliche Textsorten. Komponenten - Relationen - Strategien, Tübingen 1996, S. 541-553, hier S. 545
40 Vgl. Keseling, Gisbert: Schreibprozeß und Textstruktur. Empirische Untersuchungen zur Produktion von Zusammenfassungen, Tübingen 1993, S. 64

Im Interesse der leichteren Nachvollziehbarkeit der Argumentation und auch der besseren Strukturierung des Textes werden daher in einer nicht unerheblichen Anzahl von Dissertationen resümierende Unterpunkte als Zwischenergebnis von Hauptkapiteln gebildet. Inwieweit darin bereits die Herausbildung einer neuen Invariante beim Gliederungsaufbau von Doktorarbeiten zu beobachten ist, sei dahingestellt. Der Unterpunkt „Zwischenergebnis" bietet jedoch die Möglichkeit, nicht nur wichtige Textübergänge besonders kenntlich zu machen, sondern auch das Wesentliche einer bis zu diesem Punkt erreichten Themenentfaltung nochmals zu verdeutlichen und einzuordnen.

Im Gegensatz zum übrigen Text verfolgen Zwischenergebnisse keine wissenschaftliche Fragestellung. Sie fassen die wesentlichen Aussagen und Erkenntnisse des Abschnitts der Arbeit zusammen, auf den sie sich beziehen. Sie stellen eine besondere Art der „Einladung an den Leser zum Nachvollzug des Forschungsprozesses" dar. Die Darstellung von Zwischenergebnissen ist charakterisiert durch

- fortlaufenden Text ohne Überschrift der einzelnen Absätze oder Sinneinheiten

- kurze Zusammenfassung der wichtigsten Zwischenergebnisse

- keine über die bisherigen Ausführungen hinausgehenden Erläuterungen oder Bewertungen.

5. Ausformulierung und Argumentationsführung

5.1 Schwierigkeiten des Einstiegs in die Textproduktion

Prinzipiell muss zwischen

- personenspezifischen
- situationsbedingten und
- im Organisationsprozess begründeten Schreibschwierigkeiten

unterschieden werden.

In gewisser Hinsicht wird das Schreiben umso leichter, je mehr man schreibt. Man erkennt, dass es nicht so riskant ist, wie man es anfangs befürchtet hatte. Dies gilt nicht nur für Autoren mit Schreiberfahrung, sondern für jeden Verfasser eines umfangreicheren und anspruchsvollen Textes. Selbst so genannten „gestandenen Akademikern", die bereits Bücher geschrieben und in angesehenen Fachzeitschriften publiziert haben, kann es geschehen, dass sie Schwierigkeiten haben, einen Anfang zu finden.[41]

1. Niemand hat das perfekte methodische Konzept in der Schublade.
2. Erstversionen sind mehr als nur einen kleinen Schritt von dem entfernt, was später an die Öffentlichkeit gelangt.[42]
3. Rohfassungen sind immer kritikwürdig.

Wem also sollte man seine ersten Textentwürfe anvertrauen? Personen, die Ihr «Dummheitspotential» kennen (Freunde, Studienkollegen, langjährige Vertraute) oder Personen, die Ihre Situation aus eigener Erfahrung beurteilen können. Dabei müssen Sie absolut sicher sein, dass

---

[41] Vgl. Becker, Howard S.: Die Kunst des professionellen Schreibens: Ein Leitfaden für die Geistes- und Sozialwissenschaften, Frankfurt/Main/New York 1994, S. 144 ff.
[42] ebenda, S. 151

die gewählten Personen Ihnen die Wahrheit sagen. Wenn man sich darauf nicht verlassen kann, ist es unmöglich, aus diesem Feedback Selbstvertrauen zu beziehen.

5.2 Ansatzpunkte für den ersten Satz im Entwurf des Dissertationsmanuskriptes

Mit der Vorbereitung des ersten Satzes (der gesamten Arbeit, eines Kapitels oder einer Textpassage) beginnt die Produktionsphase der Doktorarbeit. In der Phase der Vorausplanung hat man als Autor von der Abfolge der einzelnen Formulierungen noch keine präzise Vorstellung.[43] Die Planung bezieht sich deswegen hier nicht in erster Linie auf den Text als Ganzes, sondern auf die aktuell zu formulierende erste Texteinheit.

Einleitungssätze – insbesondere Anfänge – sind relativ einheitlich und ähnlich strukturiert (Gegenstand/Thema/Ausgangspunkt/Ziel der Arbeit werden global genannt). Der erste Satz kann und soll einen höchstens ebenso groben Überblick über das Thema vermitteln, wie es die im Titel der Arbeit zum Ausdruck kommende Schwerpunktsetzung erwarten lassen kann. Dieser Einstiegssatz soll den größtmöglichen Zusammenhang zum Ausdruck bringen, in den die nachfolgend zu erläuternden Problemstellung eingeordnet werden kann. Folgende Denkansätze können Themen von Doktorarbeiten begründen:

1. dem Thema wird bislang relativ geringe Bedeutung zugemessen (Haenel)

2. das Thema bildet einen zentralen Diskussionsgegenstand (Krönert)

3. das Thema wird in Zukunft eine entscheidende Rolle spielen (Dietel)

4. das Thema zeichnet sich durch eine Diskrepanz zwischen wissenschaftlicher Erkenntnis und Anwendung in der Praxis aus (Henke)

---

43 Vgl. Keseling, Gisbert: Schreibprozeß und Textstruktur. Empirische Untersuchungen zur Produktion von Zusammenfassungen, Tübingen 1993, S. 91

5. ein seit langem existierender theoretischer Ansatz hat aufgrund veränderter Rahmenbedingungen an Bedeutung gewonnen (Schäfer)

6. in einem lange Zeit stabilen Bereich stehen grundlegende Veränderungen an (Wahl, Popović, Dietel, Deglow)

7. Verbesserung von Rahmenbedingungen für wirtschaftliche Entwicklungen (Engel)

8. Theorie und Praxis stehen vor neuen Anforderungen (Eigermann)

9. Die Beobachtung von Entwicklungen in der Praxis löst Forschungsaktivitäten aus (Kästle)

10. Veränderungen des Unternehmensumfeldes (Hunecke)

11. Internationalisierung, Globalisierung (Lüßmann, Bungartz, Herbold, Gilbert)

12. Versäumnisse als Ursache aktueller Fehlentwicklungen (Steffelbauer-Meuche)

Der Einleitungssatz in Doktorarbeiten hat vor allem texteröffnende Funktion. Seine Formulierung muss wohlbedacht werden, schließt sich an ihn doch unmittelbar die Frage an, wie der Text fortgeführt werden soll. Erweiterter Zusammenhang, Aktualität oder Notwendigkeit des zu behandelnden Themas müssen deshalb im ersten Satz entweder direkt angesprochen werden oder es muss darauf hingeführt werden.

Die besondere Herausforderung eröffnender Sätze in Dissertationen besteht weniger in deren konkreten Aussagen, sondern in deren Funktion, den Autor des Textes als Experten der zu bearbeitenden Thematik auszuweisen. Die Inszenierung der besonderen Themenkompetenz des Autors wird durch sprachliche Formen sowie durch Strategien der Rezeptionssteuerung (Weckung von Interesse beim Leser) vorgenommen. Das Instrumentarium ist in der folgenden Abbildung dargestellt.[44]

---

44 In Anlehnung an Antos, Gerd: Sprachliche Inszenierungen von „Expertenschaft" am Beispiel wissenschaftlicher Abstracts, in: Jakobs, Eva-Maria u.a. (Hrsg.): Wissenschaftliche Textproduktion. Mit und ohne Computer, Frankfurt am Main 1995, S. 113-127, hier S. 121

1. Textuelle und sprachlich-stilistische Formen
   1.1 Textaufbau
   1.2 Titelformulierung
       Fachsprachliche Lexik (z.B. Terminologiegebrauch)
       Fachsprachliche Syntax (Nominalisierungen etc.)
   1.3 Rezeptionshilfen:
       Metaphorik, Beispiele, Literaturangaben, name dropping etc.
2. Strategien der Rezeptionssteuerung
   2.1 Erzeugung von thematisch motiviertem Interesse
   2.2 Erzeugung von Eindruck (Prestige)
   2.3 Erzeugung von Aufmerksamkeit

Abb. 12: *Formen und Strategien der Darstellung von Expertenschaft*

5.3 Beispiele für Einleitungssätze in Dissertationen

(x) «"**Wetterleuchten, Umbruch, Aufbruch, Erschütterung**" – mit derartigen oder ähnlich markanten **Metaphern lässt sich die aktuelle**, von der zunehmenden Verbreitung internationaler Bilanzierungsnormen gekennzeichnete **Situation** der externen Rechnungslegung treffend **beschreiben.** Während bis dato der Konzernabschluss im **Epizentrum der Erschütterung** stand, werden die „**Internationalisierungswellen**" infolge der Verabschiedung der „Verordnung betreffend die Anwendung internationaler Rechnungslegungsstandards" künftig zunehmend auch den Einzelabschluss erreichen. ... **Damit ist** im deutschen Rechtsraum **erstmalig** ganz konkret über eine **Anwendung der IAS/IFRS** im Einzelabschluss **zu entscheiden**. ... **Dies wirft zwangsläufig die Frage** nach der **Zukunft des Maßgeblichkeitsprinzips auf.**» (Dietel, 1/2)

In diesem Beispiel wecken Metaphern Aufmerksamkeit und Interesse (Wetterleuchten, Epizentrum, Internationalisierungswellen), der Autor hebt als erstes Indiz seiner Kompetenz die Bedeutung des Themas hervor („Damit ist erstmalig ..."), verwendet Fachtermini (IAS/IFRS,

Maßgeblichkeitsprinzip) und bekräftigt seine Kompetenz nochmals („Dies wirft zwangsläufig die Frage ... auf").

(x) «**Die Prozessorientierung als Ansatz** für die Unternehmensorganisation und Grundlage für ein Unternehmenssteuerungssystem **existiert** in der betriebswirtschaftlichen Organisationslehre genau genommen **seit den 1930er Jahren,** als **Nordsieck und Henning** zum ersten Mal zwischen Aufbau und Ablauforganisation unterschieden. ...**Doch erst in den 1990er Jahren als Reaktion auf Veränderungen im Unternehmensumfeld** (z.B. Globalisierung oder technischer Fortschritt), die zu einem gestiegenen Konkurrenzdruck und einer großen Marktmacht des Kunden führten, **hat diese** stark auf interne Abläufe bezogene **Sichtweise** unter dem Begriff Prozessmanagement" oder „Prozessorientierung" **an Bedeutung gewonnen.**» (Schäfer, 17)

Dieses Beispiel richtet die Aufmerksamkeit auf den Fachbegriff („Prozessorientierung"), belegt die Kompetenz der Autorin durch Referenz auf einen langjährig etablierten theoretischen Ansatz und auf Fachautoritäten (Nordsieck und Henning), stellt einen aktuellen Bezug durch die Verbindung zweier Jahreszahlen (1930 und 1990) her; schließlich hebt die Autorin ihre Kompetenz erneut durch eine überblicksartige Formulierung hervor („ ... hat diese ... Sichtweise ... an Bedeutung gewonnen.")

(x) «**In Zeiten zunehmender Globalisierung** und einer dynamischen Wettbewerbssituation sowie steigenden Effizienzanforderungen **sehen Unternehmen in Zusammenschlüssen eine Strategie** zur Verbesserung ihrer Position am Markt. ... **Die strategischen Zielsetzungen** und deren Erreichung **sowie die Erfolgsfaktoren sind** bei Unternehmenszusammenschlüssen **als „Mittel des strategischen Managements" von besonderer Bedeutung.**» (Kästle, 1)

(x) «**Die deutsche Wirtschaft ist durch** eine zunehmende Anzahl an **Insolvenzen und Unternehmensschieflagen gekennzeichnet.** Über eine wirksame **Corporate Governance** der Unternehmen **ist eine Diskussion entfacht.** ... **Der Beitrag der Internen** Revision zu einer erfolgreichen Corporate Governance **wird allerdings vielfach unterschätzt.**» (Steffelbauer-Meuche, 1)

Diese beiden Beispiele nutzen weder Metaphern noch Fachtermini, sondern im gesellschaftlichen Bewusstsein verankerte Phänomene (Globalisierung, Unternehmenszusammenschlüsse), um das Interesse des Lesers zu wecken. Die Kompetenz des Autors wird im ersten Beispiel durch Benennung strategischer Aspekte des Themas hervorgehoben (Zielsetzungen, Erfolgsfaktoren von besonderer Bedeutung).

Im zweiten Beispiel wird die allgemeine Bedeutung des Themas illustriert (Insolvenzen, Unternehmenschieflagen), ehe auf die aktuelle Diskussion übergeleitet wird, in der die Autorin ihre Kompetenz zielgerichtet („Der Beitrag der Internen Revision ... wird ... unterschätzt.") zum Ausdruck bringt.

Generell muss zur Problematik und Bedeutung des ersten Satzes festgestellt werden, dass sich „ein Teil seiner Spezifik erst im Kontrast zu fortsetzenden Sätzen erschließen lässt."[45]

5.4 Formulierungsmuster

Formulierungsmuster, auch als Formulierungsroutinen bezeichnet, haben die Funktion, beim Schreiben und Lesen kognitiv zu entlasten.[46] Bestimmte sprachliche Einheiten führen den Leser durch den Text. Die Formulierungsroutinen sind sehr unauffällig, sogar unscheinbar, sie stellen jedoch wichtige Scharniere zur Verankerung des Textaufbaus dar.

---

45 Keseling, Gisbert: Schreibprozeß und Textstruktur. Empirische Untersuchungen zur Produktion von Zusammenfassungen, Tübingen 1993, S. 51
46 ebenda, S. 120 f.

| BESCHREIBEN | nach der PRÄSENTATION |
wissenschaftlicher Objekte	der Ergebnisse Anderer
wiederaufnehmend resümierend Zählweise als Formulierungsmuster	Einwenden Einschränken Bestätigen

| POSITIONIEREN | SELBSTREFERENZ |
in der Argumentation	die eigene Position darstellen
Feststellen Hervorheben Zusammenfassen	Absetzen von der Meinung Anderer Vermeidung der expliziten Selbstreferenz Passivkonstruktion

Abb. 13: Prototypische Formulierungsmuster zur Textstrukturierung

Die Ausdrucksmittel dieses wissenschaftlichen Schreibstils werden nachfolgend dargestellt, durch Beispiele aus Doktorarbeiten belegt und erläutert. Alle Beispiele haben lediglich Anschauungscharakter. Sie wurden von ihren Autoren in einem größeren Textzusammenhang formuliert, der in der hier isolierten Betrachtung unberücksichtigt bleiben muss. Die Zitate aus Doktorarbeiten stellen tatsächlich realisierte Formulierungen dar. Sie sollen der Veranschaulichung dienen und Impulse auslösen, jedoch nicht als Schreibvorlagen missverstanden werden.

5.4.1 Nominalisierungen

Die nominale Ausdrucksweise – d.h. die bevorzugte Verwendung von Substantiven – hat folgende Vorzüge gegenüber einer verbalen Prädikation:[47]

- Hervorhebung eines Begriffs

---

47 Vgl. Beneš, Eduard: Die formale Struktur der wissenschaftlichen Fachsprache in syntaktischer Hinsicht, in: Bungarten, Theo (Hrsg.): Wissenschaftssprache, München 1981, S. 185-212, insbes. S. 193 ff.

- Vergegenständlichung und messbare Vereinzelung einer Darstellung
- Verallgemeinerung einer Darstellung
- Sprachliche Ökonomie durch Einsparung von Redeteilen
- Die Fähigkeit, Attribute zur eindeutigen und übersichtlichen Präzisierung an sich zu binden und
- Je nach notwendiger Akzentuierung eine beliebige Stelle im Satz einzunehmen.

(x) «**Das** in IAS 40.24 **konstituierte Wahlrecht** ... **würde** ... zu einer **Verringerung der intersubjektiven Überprüfbarkeit** des Jahresabschlusses **führen**.» (Dietel, 249)

In diesem gekürzt wiedergegebenen Beispielsatz sind sämtliche Vorteile der nominalen Ausdrucksweise (Hervorhebung, Vergegenständlichung, Vereinzelung, Verallgemeinerung, sprachliche Ökonomie, attributive Präzisierung und akzentuierte Positionierung) realisiert.

Die standardisierte Handhabung fachsprachlicher Elemente, Strukturierungs- und Formulierungsvorgaben führt zur Herausbildung so genannter „stereotyper Textkonstitutive."[48] In Dissertationen sind zunächst zwei Formen von besonderer Bedeutung, weil sie (als Deixis) eine Strukturierung längerer Texte ermöglichen bzw. (als überblicksartige Formulierungen) zentrale Aussagen vorbereiten.

5.4.2 Deixis

Die elementarste Möglichkeit der sprachlichen Realisierung der Universalien – gewissermaßen ein „reines Zeigen durch ein Wort statt durch eine Handbewegung" – stellt der Gebrauch entsprechender

---

48 Heinemann, Wolfgang/Viehweger, Dieter: Textlinguistik. Eine Einführung, Tübingen 1991, S. 167

Hinweisworte wie „hier", „dies", „dort" usw. dar, von Sprachwissenschaftlern als Deixis bezeichnet.[49] Deiktische Ausdrücke dienen[50]

- der Orientierung des Lesers auf Textanfang bzw. -ende oder zur Strukturierung eines Kapitels

(x) «**In diesem Kapitel wird der Entscheidungsprozess zur Konkretisierung des Leistungsgegenstandes betrachtet.** Dies bedingt einen Perspektivenwechsel von der weitgehend institutionellen, statischen Betrachtung hin zu einem entscheidungsorientierten, prozessualen Blickwinkel. **Dabei orientiert sich die Anordnung der Abschnitte dieses Kapitels an** der Vorgehensweise der involvierten Parteien und entspricht somit **der** in der Praxis üblichen, **schrittweisen Konkretisierung** der Finanzierungsbeziehung **vom Allgemeinen zum Speziellen.**

Den **Ausgangspunkt** der Ausführungen bildet ...(Danach) **findet eine** handlungsobjektbezogene **Konkretisierung** in Form einer zweiseitigen bewertungsbasierten Entscheidung **statt.** ... Sobald die potenziellen Vertragsparteien feststehen, **mündet das Vorgehen in** einen Kommunikationsprozess ...» (Engel, 201)

(x) «Mit der Entwicklung des Normensystems **im letzten Kapitel ist die Basis geschaffen**, die es ermöglicht, die bestehenden Rechnungslegungssysteme im Hinblick auf ihre entscheidungsunterstützende Informationsorientierung für Kapitalanleger zu untersuchen. ... **Dieses Kapitel stellt zunächst kurz die Konzeption** der US-GAAP **dar** und **geht dann auf einige ausgesuchte Bilanzierungsfelder** durch eine Darstellung der Einzelfallregelungen **direkt ein. Eine kritische Würdigung** der Konzeption und der Einzelfallregelungen **erfolgt jeweils im Anschluss an die einzelnen Abschnitte.**» (Krönert, 136)

- dem Absetzen der eigenen Position und – zusammen mit dem Passiv – der Vermeidung der expliziten Selbstreferenz („...während X

---

49 Vgl. Glinz, Hans: Raum, Zeit, Sprache. Pragmatisches, Grammatisches, Textaufbau, in: Hagemann, Jörg/Sager, Sven F. (Hrsg.): Schriftliche und mündliche Kommunikation. Begriffe – Methoden – Analysen. Festschrift zum 65. Geburtstag von Klaus Brinker, Tübingen 2003, S. 36
50 Vgl. Sandig, Barbara: Formulieren und Textmuster – Am Beispiel von Wissenschaftstexten, in: Jakobs, Eva-Maria/Knorr, Dagmar (Hrsg.): Schreiben in den Wissenschaften, Frankfurt am Main 1997, S. 24-44, hier S. 34

der Meinung ist, dass ..., wird in dieser Arbeit die Auffassung vertreten, ...")

(x) «"Erfolgreiche Führungskräfte lesen bzw. bewerben sich nicht auf Stellenanzeigen!" **Diese Aussage** gegen die Schaltung von Stellenanzeigen **kann** deshalb nach den vorerwähnten Aussagen **in dieser pauschalisierten Form nicht akzeptiert werden**.» (Herbold, 55)

- der Zusammenfassung von Textpassagen (einführend: „Folgendes ...", „Zunächst ...", usw., überleitend: „Daneben ...", „Des weiteren, ..." usw., abschließend: „Damit..."; „Folglich ...", usw., oder das beispieleinleitende ‚So' ...")

Einführend:

(x) «Aufgrund der Komplexität und Vielfältigkeit der Integrationsaktivitäten bietet sich **ein Projektmanagementansatz** an, **der im folgenden konkretisiert werden soll**.» (Kästle, 88)

Überleitend, weiterführend:

(x) «**Neben den Grundsätzen der objektiven und der Einzelbetrachtung hat der sog. Grundsatz der isolierten Betrachtung zu gelten**, demgemäß jede Schuld unabhängig von den in der Bilanz ausgewiesenen Aktivwerten zu beurteilen ist. **Diesem Prinzip zufolge** kommt es auf die tatsächliche Verwendung der Mittel im Betrieb bei der Beurteilung einer Verbindlichkeit in Bezug auf ihren Dauerschuldcharakter nicht an.» (von Ehrenstein, 90)

Abschließend:

(x) «**Fasst man die Ausführungen zusammen,** so lässt sich erkennen, dass die Berechnung der Einkaufswirtschaftlichkeit einer Immobilienfinanzierung eine sehr komplexe Angelegenheit darstellt.» (Deglow, 114)

Beispieleinleitendes ‚so':

(x) «**So stellte z.B. Nordsieck fest,** dass „der Betrieb in Wirklichkeit ein fortwährender Prozess, eine ununterbrochene Leistungskette ist. ..."» (Schäfer, 17)

(x) «Während die Bedeutung der IAS bisher eher gering war, so spricht doch vieles dafür, dass die IAS in Zukunft die entscheidende Rolle bei der internationalen Harmonisierung der Rechnungslegung spielen werden. **So hat die internationale Vereinigung der Börsenaufsichtsbehörden (IOSCO) in Aussicht gestellt**, ihren Mitgliedern (u.a. der SEC) nach einer Überarbeitung der IAS zu empfehlen, **einen nach IAS-Vorschriften aufgestellten Jahresabschluss als Zulassungsvoraussetzung für die Börsennotierung ausländischer Unternehmen zu akzeptieren**.» (Großer, 22)

Diese standardisierten Formen der Lenkung der Aufmerksamkeit von Lesern sind Kennzeichen des Wissenschaftsstils. Sie dienen jedoch nicht nur der Orientierung innerhalb des Textes, sondern haben weiterhin eine Art „Entlastungsfunktion", weil ihre partikelhafte Kürze es dem Autor ermöglicht, sich auf das Wesentliche seiner Aussage zu konzentrieren. Derartige Stilmittel werden – weil sie in allen wissenschaftlichen Texten verwendet werden, auch als „Invarianten" bezeichnet, „die sich in einem sprachgemeinschaftlichen durchschnittlichen Gebrauch als Norm durchgesetzt haben."[51]

5.4.3 Überblicksartige Formulierungen

Effizienz und Ökonomie der Wissenschaftssprache kommen insbesondere in den so genannten überblicksartigen Formulierungen zum Ausdruck, die über einen Beleg (Zitat oder Verweis) mit wissenschaftlichen Autoritäten oder seriösen Quellen (z.B. amtliche Veröffentlichungen) verbunden werden:

(x) «**Der Vergleich gilt als** eine **allgemein anerkannte Forschungs- bzw. Erhebungsmethode**» (Obermayr, 5)

(x) «**Die zentrale Hypothese der Finanzierungstheorie**, auf der die kapitalmarktorientierte Rechnungslegungsforschung aufbaut, **ist jene der**

---

[51] Lorenz, Wolfgang: Zum Problem der semantischen Schichten in wissenschaftlichen Texten, in: Kusch, Martin/Schröder, Hartmut (Hrsg.): Text – Interpretation – Argumentation, Hamburg 1989, S. 54-60, hier S. 54

Informationseffizienz (oder Kapitalmarkteffizienz), die von informationseffizienten Kapitalmärkten ausgeht.» (Großer, 55)

(x) «**Ein allgemeingültiges Konzept** zur Einführung von Qualitätsmanagement-Aktivitäten **existiert nicht**.» (Steffelbauer-Meuche, 101)

(x) « **Der Markt** für Unternehmensberatungsleistungen **ist in den letzten Jahren stark gestiegen. Die Schwerpunkte** der Unternehmensberatung **haben sich** in den letzten Jahren ... **gewandelt**.» (Hunecke, 28/29)

Derartige Formulierungen führen in effizienter Weise auf den Ausgangspunkt der weiteren Überlegungen hin. Sie weisen in einem Satz z.B. auf Grundvoraussetzungen, auf Unzulänglichkeiten der theoretischen Grundlegung oder auf neue Anforderungen einer Thematik hin.

5.5 Argumentationsfiguren

Die argumentative Darlegung des Gedankenganges ist das prägende Merkmal von Wissenschaftstexten. Satzverknüpfungen erfolgen nach bestimmten Mustern, deren Anwendung den gesamten Text prägt. Argumentationsfiguren entstehen, weil der Wissenschaftler gezwungen ist, ständig an bereits Dargelegtes anzuschließen, ohne ausdrücklich darauf zu verweisen. Eine Herauslösung einzelner Beispiele erschiene willkürlich und könnte die Argumentation zu Fall bringen. Beschreiben, Begründen und Argumentieren sind die sprachlichen Mittel der wissenschaftlichen Kommunikation. Zum Verständnis der Bedeutung der im Folgenden dargestellten Argumentationsfiguren sind in der folgenden Abbildung die in wissenschaftlichen Texten zu erfüllenden Bezüge schematisch dargestellt:

Ausformulierung und Argumentationsführung 79

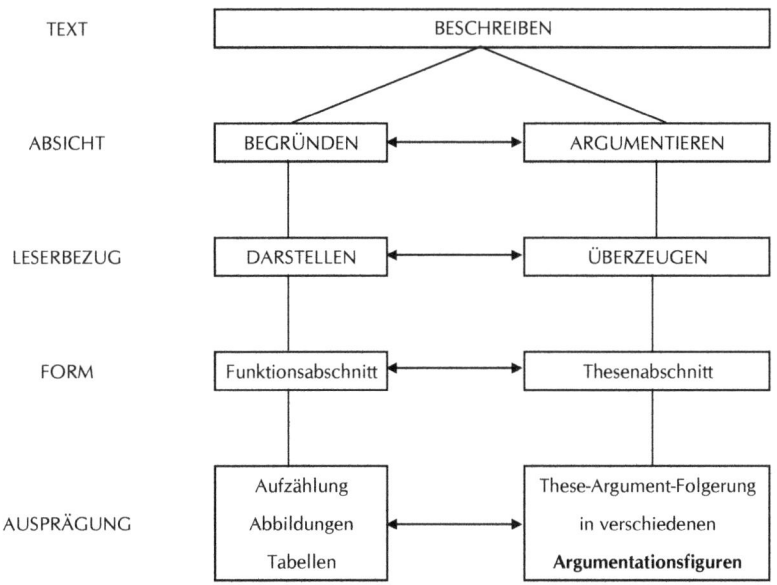

Abb. 14: Form und Bezüge des Aufbaus wissenschaftlicher Texte

5.5.1 Die Grundform der wissenschaftlichen Argumentation

Die Alltagssprache ist dialogisch und bezieht den Gesprächskontext und die Situation voll mit ein. Die Wissenschaftssprache ist monologisch und baut einen Kontext erst durch die Informationen auf, die sie selbst liefert.[52]

Von der sprachlichen Oberfläche aus betrachtet, sind Argumentationen Text-Tiefenstrukturen, in denen gedankliche Grundlagen erläutert werden. Obwohl sich die Argumentationsmuster in einfachen Modellen beschreiben lassen, ist die argumentative Praxis sehr vielschichtig. Der Erfahrungshintergrund als der gemeinsame Besitz von Meinungen und Kenntnissen, über die die Interaktionspartner – Autor und Leser – ver-

---

52 Vgl. Rudolph, Elisabeth: Argumentationsfiguren in der Wissenschaftssprache, in: Jongen, René u.a. (Hrsg.): Sprache, Diskurs und Text, Tübingen 1983, S. 191-201, hier S. 192

fügen, spielt in der praktischen Argumentation eine entscheidende Rolle.

Die Logik der Argumentation ist nicht nur eine Logik der Deduktion, sondern auch die Logik des Plausiblen. Was nicht in Widerspruch steht zu den geltenden Meinungen, wovon vorstellbar ist, dass es wahr ist oder wahr werden könnte, wenn man die herrschenden Umstände berücksichtigt, das ist plausibel und hat die Aussicht, vom Interaktionspartner akzeptiert zu werden.

Dabei gibt es nur ein Argumentationsziel: die Überzeugung des Lesers von der Richtigkeit der eigenen Auffassung. Während es in der dialogischen Praxis bei unterschiedlicher Auffassung der Gesprächspartner zu einem langen Ringen kommen kann, erfährt der Autor einer wissenschaftlichen Abhandlung spät oder gar nicht, ob das Argumentationsziel erreicht ist. In der monologischen Wissenschaftssprache steht daher die Frage nach dem prozessualen Verfahren des Argumentierens im Mittelpunkt. Wissenschaftliche Thesen zeichnen sich dadurch aus, dass sie meist nicht in einem einfachen Satz formuliert, sondern eher in einer ganzen Theorie erklärt werden können. Je komplizierter und neuartiger eine Theorie ist, desto eher wird der Autor bereits in die Darstellung Argumente einbauen, die an Wissen und Vorstellungsvermögen des Lesers appellieren. Dabei kann es gelegentlich schwierig sein, die Erklärung der These und die Argumentation zu deren Fundierung voneinander zu trennen.

Argumentationen in wissenschaftlichen Texten bilden meist zusammenhängende größere Komplexe, eingeleitet oder abgesetzt von deskriptiven Passagen. Dabei lassen sich drei Stufen der Argumentation abgrenzen:

- These
- Argument
- Folgerung

Diese drei Schritte der Argumentation sind in ihrer Reihenfolge vorgegeben und bilden die so genannte Argumentationsspirale. Die These bildet den Ausgangspunkt der Argumentation.

Die Argumente stützen einerseits die These, bereiten aber auch die Folgerung vor. Die Folgerung ist ein eigener Argumentationsschritt mit weiterführenden Gedanken, die auf den Argumenten beruhen.

Die wissenschaftliche Argumentation kann als Spirale veranschaulicht werden. Diese beginnt mit der These, erweitert sich in den Argumenten und schließt mit der Folgerung, die einen neuen, eigenen Ort mit einem gewissen Abstand zu der Ausgangsthese einnimmt. Die Fülle der Argumente bestimmt den Radius der Spirale, während der Abstand zwischen These und Folgerung die Enge der Spirale und damit den Erkenntnisgewinn markiert.

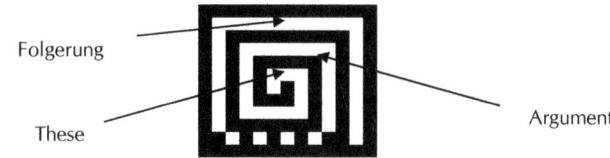

Abb. 15: Die Grundform der wissenschaftlichen Argumentation

5.5.2 Variationen der wissenschaftlichen Argumentation

Aus den drei Schritten der Argumentation können durch Variation und Weiterführungen unterschiedliche Figuren entstehen. Der Prototyp der Dreistufigkeit «These – Argument – Folgerung» stellt eine Idealisierung dar, für die sich kaum ein anschauliches Beispiel finden lässt. Die Argumentationsfiguren der Wissenschaftssprache sind gekennzeichnet durch

- Variationsvielfalt und
- Anpassungsfähigkeit argumentativer Strukturen an die Ausdruckswünsche des Autors.

Jede Argumentationsfigur ist eine durch seinen Autor geschaffene individuelle Form, zwar eine Ausprägung der dreistufigen Grundform, aber eine Einzelfigur, die nicht für eine typisierbare Form steht.

Grundmuster der Argumentationsführung

Die zentralen Planungsschritte der Argumentation können auf unterschiedliche Weise realisiert werden. Dazu existieren einige Argumentationsmuster, die als so genannte «Fünfschrittmuster» entwickelt worden sind.[53] Im ersten Schritt wird das Thema der Argumentation als Faktum oder These ausgedrückt, die Schritte 2 bis 4 dienen der Argumentationsführung, aus der in Schritt 5 das Ziel der Argumentation folgt. Die verschiedenen Grundmuster der Argumentationsführung, in Abbildung 16 grafisch dargestellt, werden durch Beispiele aus Doktorarbeiten veranschaulicht.

Beispiel für eine Synthese (Kompromiss):

(x) «**Die Internen Revisoren müssen die Grenzen ihrer Möglichkeiten erkennen** und gegebenenfalls Spezialisten für einzelne Problembereiche oder für den gesamten Beratungsprozess hinzuziehen.

Auf der anderen Seite sollte die Interne Revision aber auch von anderen Anbietern von Beratungsleistungen **verstärkt in den Beratungsprozess einbezogen werden**, um die umfassenden unternehmensbezogenen Kenntnisse, die die Interne Revision durch umfangreiche Prüfungen in allen Bereichen des Unternehmens aufgebaut hat, für die Entwicklung von problemadäquaten Verbesserungsvorschlägen nutzen zu können.

Eine zunehmende Einbeziehung der Internen Revision in interdisziplinäre Beratungsteams **stellt allerdings zusätzliche Anforderungen** an die Revisionsmitarbeiter. ...

Diese zusätzlichen Anforderungen müssen bei der Ausbildung und bei der Weiterbildung der Revisionsmitarbeiter **in Zukunft verstärkt berücksichtigt werden**.

Neben der Notwendigkeit einer verstärkten Zusammenarbeit der Internen Revision mit anderen Anbietern von Beratungsleistungen **ist der Einsatz des Internen Marketing ein weiterer**

---

53 Vgl. Pabst-Weinschenk, Marita: Gut argumentiert ist halb gewonnen: Diskutieren lernen, in: Kruse, Otto (Hrsg.): Handbuch Studieren, Berlin/New York 1998, S. 224-237, hier S. 232 ff.

wesentlicher Gesichtspunkt zur Bewältigung des steigenden Anteils der Beratungsleistungen der Internen Revision mit Hilfe **eines integrativen Prüfungs- und Beratungskonzepts.**» (Hunecke, 161 f.)

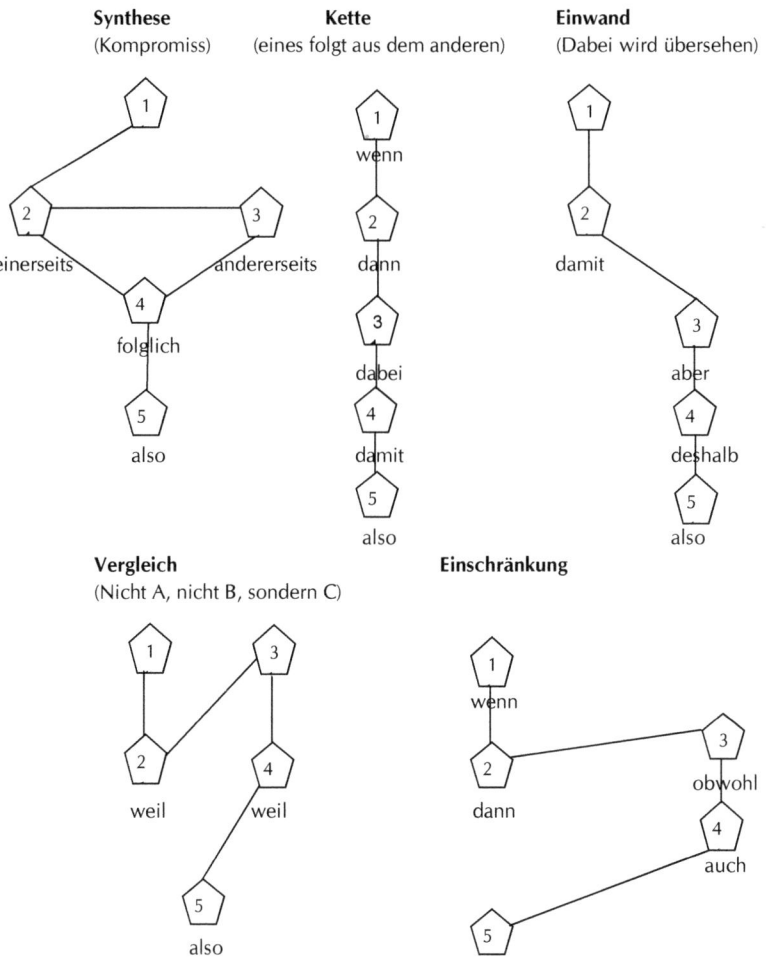

Abb. 16: Argumentationsmuster in fünf Schritten

Beispiel für eine Kette (eines folgt aus dem anderen):

① (x) «Neben der Vereinheitlichung der Erfassung und der Versachlichung des Bewertungsvorgangs **ist mit einer objektivierten zielorientierten Verarbeitung** zwangsläufig

② **eine bessere Strukturierung** verbunden.

③ **Dadurch, dass das abzugebende Krediturteil besser dokumentiert werden kann,**

④ **steigt** auch für einen Dritten, nicht unmittelbar am Beurteilungsvorgang Beteiligten, **die Nachvollziehbarkeit der Kreditentscheidung.**

⑤ **Dies gewährleistet eine bessere Risikokontrolle und -steuerung**, sowohl auf der Einzelgeschäftsebene wie auch auf dem Gesamtbankniveau.» (Eigermann, 90)

Bei einer argumentativen Kette ist es wegen der geradlinigen Argumentation auch möglich, das Argumentationsziel der Begründung voranzustellen und durch die Vorwegnahme des Ergebnisses eine stärkere Wirkung auf den Leser zu erzielen:

⑤ (x) «Dabei **ist der allgemeine Gleichheitssatz** im Bereich des Steuerrechts **von besonderer Bedeutung**.

① **Steuern stellen**, als allgemeine Gemeinlast ohne individuelle Gegenleistung, **einen Eingriff in die Vermögens- und Rechtssphäre des Steuerpflichtigen dar.**

② Dieser, **zu allen Zeiten als hart empfundene**, Eingriff wurde „**stets** als ungerecht empfunden (...), wenn eine Personengruppe **oder gar nur eine einzelne Person** von dieser Härte ausgenommen wurde."

③ **Der Steuereingriff kann daher nur durch eine Gleichheit der Lastenzuteilung gerechtfertigt werden.**

(4) Einer möglichst gleichmäßigen Belastung der Steuerpflichtigen ist deswegen besonders sorgfältig Rechnung zu tragen.» (Dietel, 40)

Beispiel für einen Einwand (Dabei wird übersehen):

(1) (x) «**Ein Vorteil von expliziten Bilanzierungswahlrechten wird in der unternehmensbezogenen Reaktion auf ökonomische Sachverhalte gesehen.** So kann den Unternehmen eine Möglichkeit gegeben werden, ihre Situation adäquat in der Rechnungslegung abzubilden. ...

(2) **Ein weiteres Argument für Wahlrechte kann in der flexiblen Reaktion** des Systems auf veränderte Anforderungen des Marktes **gesehen werden**.

(3) **Diesen möglichen Vorteilen stehen erhebliche Schwächen gegenüber.** ...Mit Wahlrechten ist es möglich, dass zwei gleichartige Vorgänge bei verschiedenen Unternehmen eine unterschiedliche Darstellung in der Rechnungslegung nach sich ziehen, ...Es ist offensichtlich, dass die Vergleichbarkeit dadurch erschwert oder unmöglich gemacht wird, ...

(4) **Vor allem in einer dynamischen Umwelt**, d.h. bei expandierenden oder schrumpfenden Unternehmen, **kommt es zu Verzerrungen der Periodenergebnisse** und folglich zu (unnötigen) Kosten bei den Adressaten.

(5) Unter Ausschüttungsgesichtspunkten mag ein kontinuierliches Ergebnis aus Unternehmenssicht zweckmäßig gegenüber einem schwankenden erscheinen, **unter reinen Informationsaspekten aber soll das Ergebnis den Geschäftsverlauf und die Dynamik der Unternehmensumwelt widerspiegeln und wenn diese Variablen sich ändern, muss das im Jahresergebnis auch zum Ausdruck kommen.**» (Krönert, 116 f.)

Beispiel für einen Vergleich (Nicht A, nicht B, sondern C):

① (x) «**Die Personalberatungen können als Institutionen verstanden werden, die auf Märkten Transaktionen koordinieren.** Wichtig ist hierbei, dass diese nur zustande kommen, wenn die Koordinationsleistung sich im Vergleich zum reinen Marktmechanismus oder zu anderen Koordinationsformen günstiger vollzieht. Die Gründe, **warum die Institution Personalberatung im Vergleich** zu anderen Koordinationsformen **Vorteile aufweist**, sollen im Folgenden aufgezeigt werden:

② **Alle Leistungen, welche die Personalberatung** im engeren und engsten Sinn **anbietet, wurden ursprünglich direkt** zwischen Unternehmen und Individuen **auf dem Arbeitsmarkt ausgeübt.** Auch die erweiterten Dienstleistungen, die Personalberatungen heute offerieren, wurden früher von Unternehmen intern durchgeführt.

③ Die wirtschaftliche Expansion führte zu dem **Novum, dass Personalberatungen** wegen ihrer Kompetenz im Bereich der Führungskräftebeschaffung **engagiert wurden, weil die Bewältigung der komplexeren Aufgabengebiete die firmeneigenen Personalabteilungen überfordert hätte.** ... Das Transaktions-Problem auf dem Arbeitsmarkt entsteht durch den starken Nachfrageüberhang an qualifizierten Führungskräften im Vergleich zum Angebot und führt Unternehmen an die Grenzen ihrer Möglichkeiten, entsprechende Arbeitskräfte zu finden. Aus diesem Zusammenhang geht hervor, dass **die Institution Personalberatung mittlerweile für die Rekrutierung von Fach- und Führungskräften unentbehrlich geworden ist,** ...

④ Daneben könnte die Meinung vorherrschen, dass mit der Entstehung einer neuen Institution eine komplette Auslagerung der Personalaufgaben bzw. der Personalbeschaffung sinnvoll wäre. Dies wird ... jedoch nicht bestätigt. **Es existieren am Markt nach wie vor verschiedene Koordinationsformen**, die Personalberatungen und die Unternehmen.

AUSFORMULIERUNG UND ARGUMENTATIONSFÜHRUNG 87

(5) Aus diesen Gründen muss es **Bedingungen** geben, die über die Vorteilhaftigkeit **der Inanspruchnahme von Personalberatungen oder der Selbsterstellung im Unternehmen** Aufschluss geben. ...» (Herbold, 136 ff.)

Beispiel für eine Einschränkung (Beibehaltung einer Auffassung trotz gewichtiger Einwände):

(1) (x) «**Als logische Konsequenz einer Trennung von Aktien- und Bilanzrecht** und des damit verbundenen Wegfalls vorsichtiger Gewinnermittlung und Ausschüttungsbemessung **ist die vollständige Aufgabe des formellen Nennkapitals denkbar.** ...

(2) Die Abschaffung des formellen Nennkapitals im Gesellschaftsrecht macht auch die Kapitalerhaltungsfunktion des Jahresabschlusses überflüssig. **Des Kapitalschutzes** durch vorsichtige Ausschüttungsbemessung **in der Bilanz bedarf es dann nicht mehr.** Wird darüber hinaus das Dogma vom Vorrang des Gläubigerschutzes im Kapitalgesellschaftsrecht abgeschafft, **dann ist auch die Ausrichtung der Handelsbilanz am Ziel des Gläubigerschutzes nicht mehr notwendig.** Dies wiederum macht den Weg frei für eine informationsorientierte Rechnungslegung.

(3) **Die EU-Kommission** will ... zwar kurzfristig am Grundkapitalprinzip festhalten, stellt aber ... die Eignung des ... Mindestkapitalsystems zur Erfüllung der ihm zugewiesenen Schutzfunktionen in Frage und **fasst mittelfristig die Prüfung alternativer Schutzsysteme ins Auge.**

(4) **Der deutsche Gesetzgeber hat ebenfalls trotz aller Modernisierungs- und Liberalisierungstendenzen** im Aktienrecht **jedenfalls bislang Nennkapital, Kapitalaufbringung und -erhaltung beibehalten.** ...

(5) **Das Prinzip** eines festen Eigenkapitalbetrages als Haftungsgrundlage und **des damit bezweckten Gläubigerschutzes wurde dementsprechend** vom Gesetzgeber **nicht aufgegeben.** ... Die ... Überprüfung des Mindestkapitalsystems und ein da-

mit verbundener Systemwechsel wird von deutscher Seite abgelehnt. **Es entspreche Lebenserfahrung und Pfadabhängigkeit, im Zweifel an der bisherigen Rechtsordnung festzuhalten, wenn sie trotz gewisser Schwächen keine wesentlichen Nachteile mit sich bringe und die Alternativen ihrerseits keine erheblichen Verbesserungen versprächen.**» (Lüßmann, 200 f.)

Anwendungsvoraussetzungen wissenschaftlicher Argumentationsfiguren

Die dargestellten Grundmuster der Argumentationsführung decken jeweils unterschiedliche Ausgangssituationen und Anforderungen ab. Sie sind nicht beliebig verwendbar und können ihre Wirkung nur dann entfalten, wenn sie unter den richtigen Voraussetzungen eingesetzt werden.

Argumentieren bedeutet begründen und belegen. Je stichhaltiger die Argumente sind, desto weniger Einwendungen lassen sich dagegen vorbringen. **Eine aufeinander aufbauende Abfolge von Argumenten**, die allein schon durch ihre Anordnung und gegenseitige Bedingtheit überzeugen können, **wird in einer Kette dargestellt.**

Kommt es aufgrund der Stärke und Schlüssigkeit von Argumenten im Wesentlichen auf deren logische Anordnung und Abfolge an, stellt die Kette das geeignete Argumentationsmuster dar.

Müssen gleichwertige **(Pro- und Contra-)Argumente** gegeneinander abgewogen werden, ist das **Muster Synthese** (Kompromiss) das geeignete.

Das **Muster Einwand** beschreibt eine **Argumentationsführung, mit der ein bestimmter Aspekt verfolgt wird, der in der vorherrschenden Anschauung nicht ausreichend berücksichtigt wird.**

In einem **Vergleich** wird dargestellt, unter welchen Bedingungen **konkurrierende Argumente** zu alternativen (besseren) Lösungen führen.

Das **Muster Einschränkung** findet Anwendung, **wenn trotz schlüssiger Gegenargumente aufgrund übergeordneter Überlegungen an einer bestehenden Position festgehalten wird.**

5.5.3 Argumentationssignale als Auslöser eines Argumentationsschrittes

Der Aufbau einer wissenschaftlichen Argumentation stellt eine längere, zunächst nur in der Textmikrostruktur – der Abfolge und Anordnung der einzelnen Textabschnitte – und in der Gliederung der Arbeit – den Überschriften der einzelnen Kapitel und Unterkapitel – erkennbare Argumentationskette dar. In der Darstellung der Beweise, Belege und Begründungen der Argumentation muss jedoch eine Logik der Gedankenführung enthalten sein, die den Text verständlich, lesbar und überzeugend werden lässt. Auch ein Leser, der die Auffassungen des Autors nicht teilt, soll sich der Schlüssigkeit der Darstellungen nicht entziehen können.

Zu diesem Zweck wird der Leser mit Hilfe der so genannten Argumentationssignale durch den Text geführt. Dabei handelt es sich um Signalworte, die den Beginn der jeweiligen Argumentationsschritte markieren bzw. einleiten. Die Signale sind äußerst vielfältig, entsprechend der stilistischen Möglichkeiten der sprachlichen Hervorhebung.

Argumentationssignale können auf verschiedene Stellen im Text hinweisen:

- auf den Ausgangspunkt der Argumentation

(x) «**Ohne Zweifel nimmt das Leistungsfähigkeitsprinzip** innerhalb der Besteuerungsprinzipien **eine herausragende Stellung ein**. Ähnlich wie bei der „Gleichmäßigkeit der Besteuerung" **ist jedoch die inhaltliche Konkretisierung** der Zielsetzung „Besteuerung nach **der Leistungsfähigkeit mit Schwierigkeiten verbunden: ...**» (Dietel, 50)

Die Signalfunktion („Ohne Zweifel") besteht hier darin, dass man bei den folgenden Überlegungen von einer anerkannten Grundlage ausgeht. Die Problematik wird mit dem Partikel „jedoch" signalisiert.

- **auf die Prämissen oder Determinanten**

(x) «Die **geringe Marktmacht** der Nachfrageseite **ist ein Aspekt, der** für kleinere und mittlere Unternehmen im Generellen **häufig vorgebracht wird**. **Diese lässt sich** im Kontext der Seed-Finanzierung **erklä-**

ren, wenn man sich die **marktmachtkonstituierenden Faktoren** im konkreten Zusammenhang **vergegenwärtigt**.» (Engel, 136)

In diesem Beispiel werden die nachfolgenden Erläuterungen durch einen Nebensatz eingeleitet, die Signalfunktion ist im appellativen Verb „vergegenwärtigen" enthalten.

- **auf Einwendungen und Gegenargumente**

(x) «**Da** eine kodifizierte Regelung **weder** in Bezug auf eine Außerachtlassung der Deckungsrückstellung selbst existiert, **noch** es eine Bestimmung im Gewerbesteuergesetz gibt bzw. gab, die darauf abzielt, Schulden, die im wirtschaftlichen Zusammenhang mit einer nicht zu berücksichtigenden Aktivposition stehen, ebenso nicht in die Bemessungsgrundlage einzubeziehen, **kann der in dem Gutachten entwickelten Argumentation nicht gefolgt werden**.» (von Ehrenstein, 148)

„Da", „weder" und „noch" signalisieren Begründungen des nachfolgenden Argumentationsergebnisses.

- **auf Ergebnisse von Überlegungen**

(x) «**Abschließend ist festzuhalten**, dass die Hauptproblematik der Anwendung des Transaktionskostenansatzes in den begrenzt pragmatischen Möglichkeiten seiner Operationalisierung liegt.» (Obermayr, 110)

Durch die Einleitungsworte erhält der Leser das Signal, dass ein Ergebnis präsentiert wird. Neben der Signalisierung des Argumentationsschrittes durch „Abschließend ist festzuhalten" hat das Wort „Abschließend" für sich alleine genommen eine zusätzliche deiktische Funktion der Lesersteuerung bzw. -orientierung.

(x) «Es wurde bereits angesprochen, dass **auf den Märkten zukünftig eine höhere Transparenz erwartet werden kann**. **Hiervon ist** auch für den Markt für Seed-Finanzierung **zumindest mittelfristig** nach Abschluss der Konsolidierung und verbesserter Ausrichtung bestehender Anbieter **auszugehen**. ... **Demzufolge sind** stärkere Differenzierungsbemühungen dieser Anbieter zu erwarten. **Da** die Güte von Vermittlungsleistungen nur schwierig zu signalisieren ist, **kann** eine stärkere

Verlagerung auf eigene Betreuungs- und Coachingleistungen **erwartet werden**.» (Engel, 197)

Hier wird – ausgelöst durch das Signalwort „Demzufolge" – kein Ergebnis, sondern eine durch Deduktion hergeleitete wahrscheinliche Entwicklung dargestellt.

5.6 Rhetorische Mittel zur Objektivierung wissenschaftlicher Aussagen (Indirekte Stilmittel)

In allen wissenschaftlichen Veröffentlichungen wird in auffälliger Weise unpersönlich formuliert. Für eine kritisch-rationale Wissenschaft ist es ohne Bedeutung – allenfalls von historischem Interesse –, wer welche Theorie, Methode oder welchen Begriff zuerst entwickelt oder angewandt hat. Das Prinzip der Rationalität und Objektivität ist oberstes Gebot. Der objektive Wissenschaftler kommuniziert mit seinem ebenso objektiven Leser ausschließlich sachlich, rational, argumentativ und logisch.

In wissenschaftlichen Texten kommen Meinungen, Tatsachen, Folgerungen und Zusammenhänge in völlig unpersönlicher Form zum Ausdruck. So wird versucht, einzelne Feststellungen aus ihren individuellen Zusammenhängen zu lösen und als objektive Gegebenheiten darzustellen. Die dazu verwendeten Sprachformen haben die Funktion, Feststellungen zu legitimieren und damit dem Anspruch des „objektiven Wissenschaftlers" zumindest linguistisch gerecht zu werden.[54] In wissenschaftlichen Texten lassen sich die nachfolgend beschriebenen Phänomene besonders auffällig und regelmäßig feststellen.

Die im Folgenden dargestellten indirekten Stilmittel haben den Effekt, wissenschaftlichen Aussagen den Ausdruck der Objektivität zu verleihen, anstatt sie als subjektive Überzeugungen des jeweiligen Autors zu charakterisieren.

---

54 Vgl. Panther, Klaus-Uwe: Einige typische indirekte sprachliche Handlungen im wissenschaftlichen Diskurs, in: Bungarten, Theo (Hrsg.): Wissenschaftssprache. Beiträge zur Methodologie, theoretischen Fundierung und Deskription, München 1981, S. 231-60, hier S. 250 und S. 258

5.6.1 Abstraktion vom Autor

Im wissenschaftlichen Sprachgebrauch werden subjektive Aussagen meist nicht als solche kenntlich gemacht. Autor und Adressaten des Textes sollen in den Hintergrund treten, damit der Kern der Aussage in den Mittelpunkt rückt. Besonders häufig werden entsprechende Ausdrucksformen bei der Formulierung von Einleitung und Schluss sowie bei hinführenden und abschließenden Funktionsabschnitten eingesetzt, also immer dort, wo es um die Darlegung und Rechtfertigung von Vorgehensweisen und Untersuchungsergebnissen geht:

Vom Autor selbst ist nicht mehr die Rede:

(x) «**Die vorliegende Arbeit behandelt** einen „Dauerbrenner" der Finanzwirtschaft» (Eigermann, 7)

(x) «**Die zentrale Annahme dieser Arbeit ist**, ...» (Obermayr, 3)

(x) «**Zu prüfen ist** im Folgenden, **ob** die Schadensregulierungsaufwendungen bei der Bildung der Schadensrückstellung zu berücksichtigen sind.» (Großer, 134)

Der Autor tritt als Teil eines unbestimmten Kollektives in Erscheinung:

(x) «Unter Vergleichbarkeitsgesichtspunkten **liegt es nahe,** eine Ausschaltung möglichst aller Wahlrechte **zu fordern.**» (Krönert, 117)

(x) « **Ein weiteres Problem ist darin zu sehen**, dass der Vorstand des Tochterunternehmens für „seine" Gesellschaft verantwortlich ist.» (Obermayr, 130)

Autor und Adressat sind im Text überhaupt nicht oder als unbestimmte Kollektive vorhanden.

5.6.2 Passivierung als Form der Deagentivierung

In der Wissenschaftssprache besteht aus mehreren Gründen eine Vorliebe zur Verwendung des Vorgangspassivs (auch werden-Passiv genannt, weil es mit werden + Partizip gebildet wird):

- das werden-Passiv eignet sich vorrangig zur unpersönlichen, sachlichen Darstellung von Vorgängen, die – hervorgerufen durch objektive Ursachen – vom menschlichen Zutun unabhängig verlaufen
- wenn der Träger der Handlung aus dem Kontext entnommen werden kann, wird er nicht genannt:

(x) «Um akzeptable Kompromisslösungen bei der Implementierung zu erreichen, **muss zunächst das Idealziel formuliert werden.**» (Krönert, 135)

Auch das Zustands-Passiv (sein-Passiv, sein + Partizip) wird, wenn auch seltener als das Vorgangspassiv, in der Wissenschaftssprache verwendet. Es bezeichnet „die Darstellung eines erreichten Zustandes oder einer unveränderlichen Gegebenheit":

(x) «**Die Beschaffung** von qualifizierten Fach- und Führungskräften **ist** in den letzten Jahren in vielen Unternehmen **zu einem Engpass geworden.**» (Herbold, 227)

Zur Vermeidung der wiederholten Verwendung von Passivsätzen stellt das unpersönliche „man" eine alternative Form der Objektivierung des Ausdrucksstils dar:

(x) «Auf dem so genannten Managermarkt **unterscheidet man** den externen und den internen Managermarkt. Diesem Arbeitsmarkt für Manager **wird** eine Überwachungsfunktion aufgrund folgender Überlegungen **zugesprochen**: ...» (Lüßmann, 39)

An diesem Beispiel wird die unterschiedliche Bedeutung zwischen „man" und der Passivkonstruktion anschaulich. Mit dem Personalpronomen „man" ist die Möglichkeit gegeben, „eine Agensnennung vorzunehmen, die das Sprecher-Ich miteinbezieht, mitmeint."[55] Das Passiv konkurriert mit dem aktiven man-Satz, der aber eher das Übliche, Gebräuchliche bezeichnet, während das Passiv eher das Normative und Gesetzmäßige, das objektiv Gegebene benennt.

---

55 Beneš, Eduard: Die formale Struktur der wissenschaftlichen Fachsprache in syntaktischer Hinsicht, in: Bungarten, Theo (Hrsg.): Wissenschaftssprache, München 1981, S. 185-212, hier S. 196

Zur Darstellung eines Argumentes, das entkräftet werden soll, kann **die indirekte Rede und das unpersönliche „es"** eingesetzt werden. Dadurch wird ein Gegenargument stilistisch abgeschwächt und kann anschließend durch Rückkehr zu einer persönlichen Ausdrucksform mit einem scheinbar gewichtigeren Argument widerlegt werden:

(x) «Die Gleichwertigkeit deutscher mit ausländischen Jahresabschlüssen unter dem Gesichtspunkt des True and Fair View konnte gemäß der Abkoppelungsthese bisher nur im Rahmen von Anhang und Lagebericht hergestellt werden. Da das deutsche Bilanzrecht de lege lata auf die GoB mit dem Vorsichtsprinzip baut, ist nach traditioneller Ansicht eine veränderte Aufgabenstellung ... für die deutsche Handelsbilanz ... ausgeschlossen. Gleichwertigkeit der Jahresabschlüsse setzt dieser Ansicht nach im Übrigen nicht die Standardisierung der Bilanzen voraus. **Hier gelte es, Gläubigerschutz- und Vorsichtsprinzip zu bewahren. Diese Ansicht schließt m.E. aber von vorneherein aus,** dass wirkliche Gleichwertigkeit und Vergleichbarkeit der Abschlüsse jemals erreicht werden kann. ...» (Lüßmann, 199)

Die Abstraktion vom Autor und die Verwendung von Passivkonstruktionen sind charakteristisch für wissenschaftliche Texte. Sofern aktivische Konstruktionen verwendet werden, zeichnen sich diese durch ein hohes Maß an Zurückhaltung in der Formulierung aus.

(x) «**Die hier nur angedeuteten Perspektiven scheinen unsere Auffassung zu bestätigen,** dass das Illokutionswissen ein selbständiges Kenntnissystem ist, das in entscheidender Weise zwischen Sprache im engeren Sinne und sozialem Handeln vermittelt»[56]

Bisweilen wird für deagentivierende, d.h. objektivierende Handlungsstile die erste Person Plural in Wissenschaftstexten angewandt, allerdings kaum in Dissertationen.

---

56 Motsch, Wolfgang/Viehweger, Dieter: Illokutionsstruktur als Komponente einer modularen Textanalyse, in: Brinker, Klaus (Hrsg.): Aspekte der Textlinguistik, Hildesheim usw. 1991, S. 107-132

(x) «**Die Frage, die wir uns zu stellen haben,** ist nun zunächst, ob hier ein einheitlicher semantischer Bereich einer Einzelsprache, z.B. des Deutschen, ...vorliegt und mit welchen Kriterien er abzugrenzen wäre»[57]

Als Stilmittel hat das „Wir" folgende Funktionen:[58]

- der trivialste Fall bezieht sich auf zwei Autoren, Autor und Co-Autor eines Artikels oder auf zwei Autoren einer Gemeinschaftsdissertation.

- das „Wir" repräsentiert als so genannter „Autorenplural" – auch als «pluralis modestiae» oder «pluralis auctoris» bezeichnet – den Autor in Vermeidung der wissenschaftlich geächteten «Ich-Form».

- das „Wir" kann sich auf den Autor und seine(n) Leser beziehen; es hat die Funktion, den Leser in die Argumentation implizit einzubeziehen.

- das „Wir" repräsentiert die Meinung des Autors sowie der akademischen Denkrichtung, der er angehört. Die Auffassung des Autors erhält mehr Gewicht, indem suggeriert wird, dass sie von mehreren Wissenschaftlern vertreten wird. Gleichzeitig wird dem Leser das Gefühl vermittelt, alleine gegen eine ganze Denkrichtung – vielleicht sogar den Mainstream – zu stehen, falls er sich in Opposition zu der dargelegten Auffassung begibt.

5.6.3 Verwendung „verdeckter Performative"

Während Appelle, Aufforderungen, Befehle als unangenehm und Versprechungen als angenehm wahrgenommen werden, sind Mitteilungen neutral. Eine negative Aussage wird in wissenschaftlichen Arbeiten durch den Gebrauch von **„muss"** erzeugt, eine positive durch **„kann"**.

---

57 Lüdtke, Jens: Klassifikatoren und wissenschaftliche Argumentation, in: Bungarten, Theo (Hrsg.): Wissenschaftssprache. Beiträge zur Methodologie, theoretischen Fundierung und Deskription, München 1981, S. 294-308, hier S. 298
58 Vgl. Korhonen, Riitta/Kusch, Martin: The Rhetorical Function of the First Person In Philosophical Texts – The Influence of Intellectual Style, Paradigm and Language, in: Kusch, Martin/Schröder, Hartmut (Hrsg.): Text – Interpretation – Argumentation, Hamburg 1989, S. 61-78, hier S. 62 f.

(x) «**Es muss** daher mit Hilfe des Instrumentariums des Personalmanagements **sichergestellt werden, dass** die Qualifikation und die Motivation der Revisionsmitarbeiter den Anforderungen durch eine prüfende und beratende Revisionstätigkeit gerecht werden und dass die Revisionsmitarbeiter die stärkere Kundenorientierung der Internen Revision tatsächlich umsetzen.»

«**Die Umsetzung** der Kundenorientierung der Internen Revision durch qualifizierte und motivierte Mitarbeiter **kann durch folgende Maßnahmen** des Personalmangements **sichergestellt werden**: ...» (Hunecke, 171)

(x) «**Die Bereitschaft** von kleineren und mittleren Unternehmen **zum Eingehen Strategischer Kooperationen kann** durch die Entwicklung eines Verständnisses für Coopetition **gesteigert werden**.» (Henke, 47)

(x) «Kleine und mittlere **Unternehmen müssen** unter den Bedingungen einer Coopetition für komplementäre Beziehungssysteme neben konzeptionellen Fähigkeiten auch organisatorische Fähigkeiten und Management-**Fähigkeiten entwickeln. Dadurch können die Kooperationsfähigkeit** dieser Unternehmen **gesteigert und ein wesentlicher Beitrag zum Kooperationserfolg geleistet werden**.» (Henke, 119)

Die Funktion von „muss/müssen" bzw. „kann/können" vor dem Verb besteht darin, den Befehl oder Appell nicht als Resultat subjektiver Willkür, sondern aufgrund der objektiven Gegebenheiten als gerechtfertigt erscheinen zu lassen.

5.6.4 Thematisierung von Bedingungen

Während die „verdeckten Performative" eine Legitimationsfunktion für die Vorgehensweise des Autors gegenüber dem Leser ausüben, müssen Voraussetzungen für die Lösung eines Forschungsproblems nicht nur vom Leser akzeptiert, sondern auch vom Autor erfüllt werden. Der Adressatenkreis ist generalisiert, der Autor mit betroffen; er muss sein eigenes Vorgehen an den von ihm aufgestellten Bedingungen messen. Typischerweise ist dies der Fall im Schlussteil der Dissertation, der sich auf die Zusammenfassung und Einordnung der erzielten Ergebnisse bezieht:

(x) «Um **diese Erkenntnisse verallgemeinern zu können, bedarf es weiterer** vertiefender branchen- und länderübergreifender **Analysen**.» (Schäfer, 170)

(x) «**Um seine Praxistauglichkeit testen zu können, ist es dringend notwendig, dieses Modell** in mehreren Unternehmen **umzusetzen,** die dabei gewonnenen Erfahrungen zu dokumentieren, auszuwerten und gegebenenfalls Anpassungen am Modell vorzunehmen.» (Schäfer, 170)

Hier werden indirekte Appelle an eine nicht näher spezifizierte Leserschaft gerichtet – wobei klar ist, dass als Adressaten die in der betreffenden Disziplin arbeitenden Wissenschaftler gemeint sind – und die Erfüllung einer Bedingung (weitere vertiefende Analysen oder Umsetzung eines Modells) für die Erreichung des angestrebten Zieles (Verallgemeinerung der Erkenntnisse oder Praxistauglichkeit des Modells) vom Autor behauptet. Stellen Autoren „Forderungen (meistens indirekt formuliert) an Forschungsdisziplinen, Theorien, Methoden etc. (...), vermeiden sie die Nennung der Adressaten."[59]

5.6.5 Das Ich-Tabu der Formulierung

Das Ich-Tabu verbietet die Verwendung der ersten Person Singular, weil wissenschaftliche Formulierungen nach interpersoneller Objektivität der Aussage streben. Aus diesem Grund wird die intuitiv nächstliegende Form der Meinungsäußerung wie z.B. „Ich vertrete die Auffassung, ..." oder „Meine These werde ich in den folgenden Kapiteln begründen" in wissenschaftlichen Texten nicht verwendet. Anstelle der Ichform wird das Kürzel „m.E." oder auch „meines Erachtens" gebraucht:

---

59 Panther, Uwe: Indirekte sprachliche Handlungen im wissenschaftlichen Diskurs, in: Bungarten, Theo (Hrsg.): Wissenschaftssprache, München 1981, S. 231-260, hier: S. 240

(x) «**Dies gilt m.E. aber allenfalls dann,** wenn, wie im HGB, Gewinnermittlung und Ausschüttungsbemessung gleichgesetzt werden.» (Lüßmann, 162)

(x) «**Meines Erachtens ist jedoch das Abstellen auf Versicherungsunternehmen vorzuziehen,** weil diese im Gegensatz zu Versicherungsverträgen in Deutschland und auch anderen Ländern per Gesetz definiert sind und damit eindeutiger abgrenzbar sind als Versicherungsverträge.» (Großer, 28)

Nicht nur Zustimmung, sondern auch eine gegenteilige Auffassung kann durch Darstellung in Form einer von mehreren Personen vertretenen Denkrichtung zur Bekräftigung der eigenen Argumentation hochstilisiert werden:

(x) «**Kritiker führen weiter an,** dass bei einer konsequenten Zeitwertbilanzierung auch der Passiva des Unternehmens die Information der Bilanzleser erheblich schwächer ist als bei der herkömmlichen Bilanzierung zu historischen Kosten. So würde bei nachlassender Kreditwürdigkeit des Unternehmens der Zeitwert seiner Verpflichtungen sinken und damit zu einem erhöhten Eigenkapitalausweis führen. **Dem könnte m.E. allerdings** durch eine Aktivierung des Goodwills des Unternehmens **entgegengewirkt werden.**» (Lüßmann, 269)

Durch die Kollektivierung der Kritik wird deren Bedeutung (möglicherweise) überhöht, um dem eigenen Argument (ein scheinbar) größeres Gewicht zu verleihen. Das Signalwort „allerdings" weist auf den Beginn des Argumentationsschrittes „Einwendung/Gegenargument" hin.

Das Ich-Tabu als scharf formuliertes Verbot stellt eine der „Empfindlichkeiten der Wissenschaftssprache" dar.[60] Der Charakter der wissenschaftlichen Information verbietet eine Selbstnennung des Autors, weil ein Forschungsergebnis Allgemeingültigkeit beansprucht und vom Forscher unabhängig ist. Die Anonymität und unpersönliche Darstellung wissenschaftlicher Texte wird jedoch auch als ein Defizit empfun-

---

60 Weinrich, Harald: Formen der Wissenschaftssprache, in: Jahrbuch 1988 der Akademie der Wissenschaften zu Berlin, Berlin 1989, S. 119-158, hier: S. 139

den.[61] Zwar muss der wissenschaftliche Autor den Leser von seiner Glaubwürdigkeit überzeugen und ist deshalb gezwungen, nach außen hin die Bedeutung seiner Person für den Text zu minimieren. Gleichzeitig ist seine wissenschaftliche Kompetenz Bedingung dafür, dass der Leser seine Darlegungen akzeptiert.

Die indirekten Stilmittel in Doktorarbeiten (Abstraktion vom Autor, Passivierung, Deagentivierung) drängen den Verfasser zwar in den Hintergrund, eigentlich repräsentieren sie aber eine „entpersonifizierte Ich-Person."[62] Auf dem Wege zur Enttabuisierung des Ich-Verbots in Wissenschaftstexten hebt die Fachtext-Linguistik bislang einzig die besondere Funktionalität des „ich" für textkommentierende und -organisierende Abschnitte hervor.[63] Immer dann, wenn der Leser lediglich orientiert wird und über die weitere Vorgehensweise des Autors informiert wird, kann die Ich-Form gebraucht werden, nicht dagegen im Basistext.

(x) „In den folgenden Absätzen führe ich die einzelnen Arbeitsschritte der empirischen Untersuchung methodisch genauer aus." (Sieber, 89)

(x) „Im Folgenden möchte ich zusammenfassend darstellen, welche Vor- und Nachteile DozentInnen in der Kommunikationsform Referat sehen; Ich beziehe mich dabei auf Einzelgespräche, die ich mit Lehrenden geführt habe." (Guckelsberger, 46)

Trotz dieser Lockerung des Ich-Tabus ist die Anzahl der Verwendungen der Ich-Form in wissenschaftlichen Texten gering.

---

61 so Polenz „...zum ‚sozialen Klima' (Bausinger) des wissenschaftlichen Redens und Schreibens gehört es, die Nennung der eigenen Person zu vermeiden."- Polenz, Peter von: Über die Jargonisierung von Wissenschaftssprache und wider die Deagentivierung, in: Bungarten, Theo (Hrsg.): Wissenschaftssprache, München 1983, S. 85-110, hier: S. 105
62 Laurén, Christer/Nordmann, Marianne: Wissenschaftliche Technolekte, Frankfurt am Main usw. 1996, S. 97
63 vgl. Fischer, Almut/Moll, Melanie: Der Sprachkurs „Wissenschaftssprache Deutsch": Ein Angebot speziell für ausländische Studierende, in: Redder, Angelika (Hrsg.): „Effektiv studieren". Texte und Diskurse an der Universität, Osnabrücker Beiträge zur Sprachtheorie (OBST), Beiheft 12, Juni 2002, S. 41-54, hier: S. 53

5.6.6 Text-Hedging

Als «Hedging» werden in wissenschaftlichen Texten abschwächende, relativierende Formulierungen bezeichnet, mit denen sich der Verfasser vor möglicher Kritik schützen will.[64] In Doktorarbeiten wird Hedging vor allem zur Rechtfertigung einer bestimmten Handhabung oder Vorgehensweise, der vorsichtigen Beurteilung von Ergebnissen und bei der Formulierung eigener Einschätzungen eingesetzt:

(x) «**Es erscheint**, abgesehen von dem Verbot der Bilanzierung von Aufwandsrückstellungen, **auch sachlich nicht erforderlich**, interne **Schadenregulierungsaufwendungen dem Jahr der Verursachung** des Versicherungsfalls **zuzuordnen**.» (Großer, 135)

(x) «Aus dem Vergleich von Daten aufeinander folgender Zeiträume lassen sich allenfalls Trends ablesen, doch bewirkt die sich immer schneller verändernde Geschäftswelt, dass die zu vergleichenden Zeiträume immer kürzer werden müssen. Die heutigen Rechnungslegungsintervalle können damit nicht mehr Schritt halten. **Die vierteljährliche Berichterstattungspflicht scheint diesbezüglich zwar überlegen, muss aber ebenfalls auf die Darstellung bloßer Trends und damit letztlich auf Mutmaßungen beschränkt bleiben.**» (Lüßmann, 247 f.)

(x) «Venture Capital wurde in zahlreichen Beiträgen als grundsätzlich geeignete Methode zur Eigenkapitalversorgung junger wachstumsorientierter Unternehmen qualifiziert. **Die beschriebenen Verfügbarkeitsmängel erscheinen vielmehr auf Unzulänglichkeiten in der Ausrichtung und Geschäftspraxis der Anbieter zurückführbar. Als denkbare Ursachen scheinen hierfür** das altersbedingt geringe Erfahrungswissen der Anbieter und der teilweise zu beobachtende Versuch von Kapitalgebern, die in späteren Finanzierungsphasen erfolgreich(er) agieren, ihre dort angewandte Vorgehensweise pauschal auf das abweichende Geschäft der Seed-Finanzierung zu übertragen.» (Engel, 184)

---

64 Vgl. Punkki, Marja/Schröder, Hartmut: Argumentative Strukturen in russischsprachigen Texten der Gesellschaftswissenschaften – Beispiele für paradigmatisch bedingte Argumentation und deren Sprachmittel, in: Kusch, Martin/Schröder, Hartmut (Hrsg.): Text – Interpretation – Argumentation, Hamburg 1989, S. 110-122, hier S. 119/121

(x) «**Ein großer Beitrag** zur Überwachung und zur Durchsetzung eines konsequenten External Risk Reporting **ist von einer sog. Enforcement-Instanz zu erwarten**; ... Eine unabhängige Enforcement-Instanz zur Durchsetzung von Rechnungslegungsstandards existiert für Deutschland bisher nicht.» (Bungartz, 165)

(x) «Mit der Öffnung des Einzelabschlusses für die IAS/IFRS **scheint daher in jedem Falle die Aufgabe eines grundlegenden, über Generationen hinweg bestehenden Besteuerungsprinzips untrennbar verbunden zu sein.**» (Dietel, 265)

Durch das Hedging baut der Schreiber eine schützende «Hecke» um seine wissenschaftliche Argumentation, die ihn hinsichtlich der Verantwortung für die Gültigkeit seiner Aussagen entlastet. Hedging erfüllt die folgenden Funktionen:[65]

- Reduzierung der Verantwortung des Schreibers für den Wahrheitsgehalt einer Aussage

- Einschränkung der Gültigkeit einer Aussage oder des Gewichtes einer Information

- Signalisierung der Einstellung des Autors zu einer Feststellung

- Verschleierung der Haltung des Autors zu einer Aussage

- Schutz des Autors vor möglicher Kritik

- Verringerung der Gefahr der Ablehnung durch den Leser.

Hedging tritt in nahezu allen sprachlichen Formen auf:

- nominal („Im Rahmen der vorliegenden Arbeit wird davon ausgegangen, ...", Dietel, 3)

- verbal („es erscheint ausreichend ...", Großer, 186)

- modal („Verträge sollten nicht ... aufgespalten werden", Großer, 187)

---

65 Vgl. Schröder, Hartmut: „Ich sage das einmal ganz ungeschützt" – Hedging und wissenschaftlicher Diskurs, in: Danneberg, Lutz/Niederhauser, Jürg (Hrsg.): Darstellungsformen der Wissenschaften im Kontrast. Aspekte der Methodik, Theorie und Empirie, Tübingen 1998, S. 263-276, hier S. 268 f.

- adverbial („Die Beziehung ... wird als wesentlich erachtet", Obermayr, 180)
- adjektivisch („Als Maßstab ist nach ganz herrschender Meinung das Einkommen heranzuziehen.", Dietel, 50)
- als unbestimmter Artikel („eine besondere Stärke ...", Hunecke 123)
- als unbestimmtes Substantiv („Kritiker führen weiter an, ..." Lüßmann, 269).

Es soll nicht erörtert werden, welchen Stellenwert das Hedging in wissenschaftlichen Texten hat. Wissenschaftssprache erhebt den Anspruch, exakt, eindeutig, rational, ökonomisch und effizient zu sein (vgl. die sog. Universalien der Wissenschaftssprache). Dass Hedges überhaupt in wissenschaftlichen Texten verwendet werden, hängt offensichtlich damit zusammen, dass Wissenschaftskommunikation trotz ihres monologischen Charakters ähnlichen Mechanismen wie die Alltagskommunikation unterliegt, diese Tatsache aber durch den besonderen Fachcode „mehr oder weniger erfolgreich verschleiert." Den externen Doktoranden, der aus der Praxis ein ergebnisorientiertes Arbeiten gewöhnt ist, mag diese Verschleierungstaktik anfangs überraschen – promovieren bedeutet ja eigentlich, den Dingen auf den Grund gehen – er wird den gezielten Einsatz dieses Stilmittels aber bald beherrschen.

5.7 Rhetorische Mittel zur Verdeutlichung und Verstärkung wissenschaftlicher Aussagen (Denkstilfiguren)

Der Einsatz rhetorischer Mittel in wissenschaftlichen Fachtexten ist einerseits durch die Absicherung des Autors (Indirekte Stilmittel), andererseits durch die Adressatenorientierung der sprachlichen Gestaltung von Aussagen und Erläuterungen gekennzeichnet. Die Analyse rhetorisch-stilistischer Mittel in Fachtexten stellt einen innovativen Ansatz der gegenwärtigen Fachsprachenforschung dar.[66] Ziel dieses Ansatzes ist die Ableitung einer Typologie kommunikativer Regularitäten, die bei der Vertextung von Fachwissen auftreten. Auswahl und Einsatz von Stilmitteln erfolgen auf der Grundlage konkreter Strategien zur Vermittlung fachbezogener Textinhalte.

5.7.1 Erkenntnisfördernde Zusätze

Zur Absicherung des Informationstransfers muss sich der Autor auf unterschiedliche Vorwissensbestände der Adressaten einstellen und diese mit Verständnis fördernden Zusätzen – die für Experten entbehrlich sind – auszugleichen versuchen. Folgende Stilelemente spielen eine erkenntnisfördernde Rolle:

- Vergleiche

(x) „Projekte lassen sich gut mit der Durchsetzung und Realisierung von Ideen vergleichen. So betrachtet kann Projektmanagement als ein Instrument des Innovationsmanagements angesehen werden." (Stephanie Müller [Elektronische Ressource], 60)
- Explikation

(x) „Mehrabian (1982) zeigte, dass sich der Gesamteinfluss einer Botschaft zu 7 % auf die Worte, zu 38 % auf die Gesprächsregulierung sowie Stimmintonation und zu 55 % auf nonverbale Signale

---

[66] so Baumann, Klaus-Dieter: Die interdisziplinäre Analyse rhetorisch-stilistischer Mittel der Fachkommunikation als ein Zugang zum Fachdenken, in: Ehlich, Konrad/Heller, Dorothee (Hrsg.): Die Wissenschaft und ihre Sprachen, Bern 2006, S. 191-226, hier S. 199

zurückführen lässt. **So wird auch verständlich, warum Menschen durch direkte Kommunikation besonders gut und schnell lernen sowie ihr Verhalten ändern."** (Watrinet, 109)

In Fachtexten wird dem Wechselspiel von Allgemeinem und Speziellem eine gedächtnisstützende und erkenntnisfördernde Funktion zugeschrieben. Eine Verallgemeinerung von Erkenntnissen ohne Bezugnahme auf ein konkretes Beispiel birgt die Gefahr der Fehlinterpretation durch den Leser.[67]

- Parenthesen: Streben nach Klarheit

Einschübe entspringen dem Wunsch des Autors, einen Gedanken zu erläutern.

(x) „In Anlehnung an organisationsdemographische Beiträge zum Diversity Management wird Heterogenität anhand demographischer **(Alter, Geschlecht, Ethnizität)**, organisationsspezifischer **(Betriebszugehörigkeit, Stellung in Gruppen, Bereichszugehörigkeit)**, kognitiver und affektiver **(Werte, Wissen, Einstellungen)** sowie Merkmalen der formellen, individuellen Expertise und Qualifikation **(Bildung und Position)** beschrieben." (Watrinet [Elektronische Ressource], 9/10).

5.7.2 Gesteigerte Wahrnehmung durch stilistische Expressivität

Durch den Einsatz bestimmter Stilmittel kann der Autor die Darstellung fachlicher Sachverhalte variieren und damit einen höheren Behaltenseffekt der Informationen erreichen. Die Aufmerksamkeit des Lesers zu gewinnen, wichtige Erkenntnisse hervorzuheben oder Aussagen originell und möglichst beeindruckend zu gestalten, sind hier die Ziele der Verwendung rhetorisch-stilistischer Elemente in wissenschaftlichen Fachtexten.

---

67 vgl. Baumann, Klaus-Dieter: Emotionen in der Fachkommunikation: Ein kommunikativ-kognitiver Untersuchungsansatz, in: Baumann, Klaus-Dieter/Kalverkämper, Hartwig (Hrsg.): Pluralität in der Fachsprachenforschung, Tübingen 2004, S. 83-119, hier: S. 105 ff.

Erhöhung der Eindringlichkeit

Der Autor will die gedanklichen Zusammenhänge hervorheben, um beim Leser eine nachhaltigere Wirkung der Argumentation zu erzielen.

- Hervorhebung durch redensartliche Metaphern

  (x) „Zusammenfassend erscheint es sinnvoll, in einer Suchmaschine kontextbasierte Ähnlichkeitssuche als Alternative zu textbasierter Ähnlichkeitssuche zu implementieren. (...) **Es liegt auf der Hand**, dass beide Arten von Ähnlichkeit je nach Informationsbedarf nützlich sein können oder ggf. kombiniert werden könnten." (Mangold [Elektronische Ressource], 153)

  (x) „Ein klares Bekenntnis der Unternehmensleitung zu flachen, bereichs-übergreifenden Kommunikationsstrukturen ist hinsichtlich der Berücksichtigung der Diversity sinnvoll. Symbol können hierfür beispielsweise **„offene Türen"** der Geschäftsleitung für alle Mitarbeiter sein, dem Symbol müssen aber adäquate Verhaltensweisen folgen." (Watrinet [Elektronische Ressource], 111)

- Hervorhebung durch Hinzufügen eines im Satzzusammenhang nicht unbedingt erforderlichen Attributs (Epitheton)

  (x) „Weiterhin konnte gezeigt werden, dass die Berücksichtigung von Kontext zwar einerseits mit **gewissem** Mehraufwand verbunden ist, jedoch andererseits zu **deutlich** verbesserter Resultatsqualität führt." (Mangold [Elektronische Ressource], 166)

- Hervorhebung durch veränderte Wortstellung (stilistische Inversion)

  (x) „Subjektivität ist der Grund, weshalb Softwareentwickler bei gleichen Anforderungen der Aufgabe nicht gleich handeln. Unterschiede in den Sinnkonstruktionen, Handlungsmustern und Arbeitsergebnissen werden sichtbar." (Sieber [Elektronische Ressource], 35)

Steigerung der Übersichtlichkeit

Der Autor bemüht sich mit Hilfe von Denkstilfiguren um die Bildung stilistischer Schemata, die die Verarbeitung des Inhaltes erleichtern sollen.

- durch Wiederholung von Wörtern oder Wortgruppen am Anfang von Sätzen (Parallelismus/Anapher)

(x) „**Softwaretechnische Forschung fragt immer danach, wie** sich die Entwicklung von Software methodisch so unterstützen lässt, dass Software qualitativ besser im Sinne der Anwender oder im Hinblick auf technische Eigenschaften wird. **Sie fragt auch danach, wie** der Prozess der Softwareentwicklung verstanden und organisiert werden muss, damit er zuverlässiger plan- und durchführbar ist und die gewünschten Ergebnisse erbringt." (Sieber [Elektronische Ressource], 216)

- durch logische Gliederung des Inhaltes
(rhetorische Frage, Frage-Antwort-Kombination)

Die rhetorische Frage gilt als besondere Form der Fragetechnik. Es müssen zwei Bedingungen erfüllt sein: 1. der Fragende kennt die Antwort. 2. der Fragende erwartet, dass der Befragte die Antwort auf die Frage kennt oder nicht kennt. Hierbei spielt nur die Intention der Frage und nicht die tatsächliche Erfüllung der zwei Bedingungen eine Rolle. Der Versuch, beide Bedingungen zu erfüllen, ist ausreichend, um eine Frage als rhetorisch zu klassifizieren. Die Richtigkeit der gedachten Antwort und die Vermutung der Reaktion des Befragten spielen keine Rolle. Rhetorische Fragen werden angewendet, um nach längeren Ausführungen die Aufmerksamkeit des Adressaten zurück zu gewinnen, und zwar – kurz formuliert – durch eine Frage, auf die keine Antwort erwartet wird, weil sie anstelle eines Aussagesatzes steht.

(x) „**Am Ende gilt es die Frage zu stellen, wie viel Autonomie ein einzelnes Projekt zum Funktionieren tatsächlich braucht.** Jedes Projekt steht unbekannten Herausforderungen gegenüber, wobei es auf das Agieren verschiedener Individuen mit unterschiedlichen

Erwartungen angewiesen ist. ... Innerhalb dieser Unwägbarkeiten besteht das Ziel darin, eine Balance zu finden zwischen erforderlichen Vorgaben und einem gewissen Maß an Planungssicherheit sowie notwendigen Freiräumen, um ein handlungsfähiges Projektteam zu haben." (Stephanie Müller [Elektronische Ressource], 238)

- Verwendung kontextueller Synonyme zur Fokussierung der Aussage

(x) „Bevor nun der direkte Vergleich erfolgt, sollen die wichtigsten **Ergebnisse** bzw. **Quintessenzen**[68] dargestellt werden." (Stephanie Müller [Elektronische Ressource], 67)

(x) „Unternehmen in Deutschland werden derzeit mit umfangreichen **Veränderungen der wirtschaftlichen Rahmenbedingungen** konfrontiert. Die durch den wissenschaftlich-technischen Fortschritt und die **zunehmende Globalisierung** hervorgerufene Dynamik wird verstärkt durch einen gesellschaftlichen Wandel. Der langfristige **Trend einer alternden sowie schrumpfenden Gesellschaft** ist unübersehbar und irreversibel. Gleichzeitig ist eine Stagnation der altersspezifischen Qualifikationen zu beobachten. Insbesondere in den jüngeren Bevölkerungsgruppen (bis 24 Jahre) ist ein anhaltender Anstieg des Anteils, der über keinen Berufsabschluss verfügt, zu beobachten. Ein aus diesen Entwicklungen resultierender **Fachkräftemangel** zeichnet sich bereits in einigen Regionen und Branchen ab." (Watrinet [Elektronische Ressource], 9)

Die hier dargestellten (und weiteren) Stilmittel zur Verdeutlichung und Verstärkung wissenschaftlicher Aussagen erleichtern nicht nur das Verständnis eines Fachtextes, indem sie eine erhöhte Wahrnehmung des Darstellungsgegenstandes bewirken. Durch die Aktivierung der Aufmerksamkeit des Adressaten wird darüber hinaus kognitive Energie freigesetzt, die der Informationsverarbeitung zugute kommt.[69]

---

[68] Synonym für Kernpunkt, Endergebnis, Hauptgedanke, Wesen einer Sache
[69] so Baumann, Klaus-Dieter: Die interdisziplinäre Analyse rhetorisch-stilistischer Mittel der Fachkommunikation als ein Zugang zum Fachdenken, in: Ehlich, Konrad/Heller, Dorothee (Hrsg.): Die Wissenschaft und ihre Sprachen, Bern 2006, S. 191-226, hier S. 207

5.8 Funktionen wissenschaftlichen Zitierens

5.8.1 Wissenschaftliche Intertextualität: eine Typologie der Fußnoten

Fußnoten und Anmerkungen gehören zu den augenfälligen äußeren Kennzeichen eines wissenschaftlichen Textes.[70] Über 1000 erläuternde, ergänzende und hinweisende Ausführungen sind in deutschen Dissertationen keine Seltenheit. Die Qualität einer Doktorarbeit scheint mit der Menge ihrer Fußnoten zusammenzuhängen, die zumindest den Eindruck einer umfassenden Auseinandersetzung mit der zugrunde liegenden Literatur zu erwecken geeignet ist. In seiner Dissertation hat Mohamed El-Sakran die folgende Fußnotentypologie erarbeitet[71]:

- Referenzfußnoten (Belegfußnoten und Hinweisfußnoten, *Referential footnotes*)

Sie weisen den Leser auf die Fundstelle hin, der ein wörtliches Zitat oder ein Gedankengang entnommen wurde (so genannte Belegfußnoten), bzw. sie weisen auf ergänzende oder weiterführende Quellen hin („so auch ...", „ vgl. dazu ...") oder dienen dazu, die eigene Arbeit im Forschungskontext zu positionieren („Ähnlich ...", „Anderer Auffassung: ...") und werden dabei als „Mittel der Kooperation mit dem Leser" eingesetzt.

---

70 Vgl. Brand, Kaspar: Fußnoten und Anmerkungen als charakteristisches Element wissenschaftlicher Darstellungsformen, untersucht am Beispiel der Sprachwissenschaft, in: Danneberg, Lutz/Niederhauser, Jürg (Hrsg.): Darstellungsformen der Wissenschaften im Kontrast. Aspekte der Methodik, Theorie und Empirie, Tübingen 1998, S. 213-240, insbes. S. 225 ff.
71 El-Sakran, Tharwat Mohamed El-Sayed: Footnotes in Academic Written Discourse: A Formal and Functional Analysis, Diss. University of Wales Bangor 1990, zitiert von Brand, Kaspar: Fußnoten und Anmerkungen als charakteristisches Element wissenschaftlicher Darstellungsformen, untersucht am Beispiel der Sprachwissenschaft, in: Danneberg, Lutz/Niederhauser, Jürg (Hrsg.): Darstellungsformen der Wissenschaften im Kontrast. Aspekte der Methodik, Theorie und Empirie, Tübingen 1998, S. 213-240, hier S. 225 ff.

(x) «**Abbildung 16 verdeutlicht ganz klar,** dass sich die Interne Revision in keiner ausgeprägten Konkurrenzsituation zu anderen potentiellen Anbietern der Internen Revisionsfunktion ... sieht [1].» (Steffelbauer-Meuche, 67)

---

[1] Dies widerspricht häufig in der Literatur vorzufindenden Ausführungen ...

- Bewertende Hinweis-Fußnoten (Evaluative referential footnotes)

Sie enthalten wertende Elemente durch Formulierungen, in denen der Autor – wenn auch verschleiert – seine eigene Einschätzung zum Ausdruck bringt:

(x) «**Auditing heißt** aus dem Englischen **übersetzt Prüfung**[467].» (Obermayr, 232)

---

[467] Auditing entstammt dem lateinischen „audire" = verhören. Der Begriff Corporate Auditing wird im anglo-amerikanischen Schrifttum m.W. kaum verwendet.

- Konterangriff-Fußnoten (*Counter-attack footnotes*)

Mit solchen Fußnoten nimmt der Autor mögliche Einwände vorweg oder reagiert auf bestehende Kritikpunkte. Die eigene Argumentation wird durch die Diskussion vermeintlicher Gegenpositionen untermauert.

(x) «Alles in allem lässt sich festhalten, **dass die Ergebnisse der Spieltheorie die These stützen**, dass kooperatives Verhalten in Konflikten von Vorteil für die Betroffenen sein kann, wenn sie ihre Ausgangsposition verbessern wollen.[56]» (Gilbert, 101)

---

[56] Im weiteren Verlauf der Arbeit liegt der Schwerpunkt der Betrachtung auf der Annahme, dass Individuen keine vollkommene Rationalität im Sinne der normativen Spieltheorie aufweisen. **Dementsprechend bleiben spieltheoretische Erkenntnisse im Folgenden weitgehend unberücksichtigt.** Auf die konstruktiven Beiträge der Spieltheorie zum Konfliktmanagement sei an dieser Stelle jedoch ausdrücklich verwiesen.

(x) «**Im Gegensatz zur Situation des Abschlussprüfers**, wo das Problem der Kompatibilität bzw. Inkompatibilität von Beratung und späterer Prüfung von Beratungsergebnissen besonders intensiv diskutiert worden ist, **ergibt sich für die Interne Revision** aufgrund des engeren Kontakts zu den Unternehmensmitgliedern **nur eine geringere Gefährdung der Unabhängigkeit.**[3]» (Hunecke, 182)

---

[3] nach Einschätzung US-amerikanischer Internal Auditors **wird die Gefährdung der Unabhängigkeit durch die Vorteile aus Beratungstätigkeiten überkompensiert**, vgl. ....

- Forschungsbedarfs-Fußnoten (*Further research footnotes*)

Mit dieser Art Fußnoten weist der Autor auf Forschungslücken hin. Er rechtfertigt damit auch seine eigene Vorgehensweise.

(x) «**So wünschenswert eine vollständige Auflistung der relevanten Einflussfaktoren sein mag**, so wenig erfolgsversprechend erscheint ein derartiges Unterfangen. **Ein Versuch der Strukturierung** entsprechender Determinanten **kann weder vollständig noch trennscharf sein, da...** die Ableitung eines vollständigen, praxisrelevanten Determinantensystems bereits an der Vielzahl relevanter Faktoren, ihren Spezifitäten, sowie der hohen Komplexität der verschiedenen Ursache-Wirkungs-Relationen ... **in näherer Zukunft als kaum wahrscheinlich erscheint.**[396]» (Engel, 137)

---

[396] Als gangbarer Weg erschiene eine Fruchtbarmachung der Vorgehensweise der Umweltanalyse, wie sie von Vertretern des strategischen Managements vorgenommen wird. ...

- Elaborierungs-Fußnoten (*Elaboration footnotes*)

Sie enthalten Zusatzüberlegungen, die im Haupttext nicht angebracht wären, aber zu einer dort getroffenen Aussage in einem (manchmal nur entfernten) Zusammenhang stehen. Dieser Fußnotentyp ermöglicht dem Autor, auf unterschiedliche Leserbedürfnisse einzugehen und dadurch sein über die eigentliche Themenstellung hinausgehendes Wissen zu dokumentieren.

(x) «**Unternehmensspezifische Kompetenzen umfassen** neben einer hohen Motivation und spezifischen Kenntnissen über Abläufe im Unternehmen **auch die Kooperationsfähigkeit der Arbeitnehmer.** ... In langfristigen innerbetrieblichen Kooperationsbeziehungen müssen Vertrauen und Loyalität immer wieder hergestellt werden. **Nur so können Vertrauen und Loyalität auch in zwischenbetrieblichen Kooperationsbeziehungen gefördert und gepflegt werden.**[3]» (Henke, 69)

---

[3] Vertrauen und Motivation gehören wie die Kooperationsfähigkeit insgesamt zu den ‚weichen Faktoren', die in der anbrechenden **Wissensökonomie** viel diskutiert werden ...

- Definitions-Fußnoten (*Definition footnotes*)

Sie dienen zur Definition von im Haupttext verwendeten Begriffen, besonders dann, wenn diese in idiosynkratischer Weise verwendet werden, damit ist gemeint, möglicherweise nicht in der vom Leser vermuteten Bedeutung.

(x) «Die passive Rückversicherung hat eine risikopolitische Funktion für Erstversicherungsunternehmen. **Darüber hinaus werden weitere Ziele, wie** die Erhöhung der Zeichnungskapazität des Erstversicherers, die Vermeidung von Liquiditätsengpässen und **die Sicherstellung der Solvabilität verfolgt.**[266]» (Großer, 164)

---

[266] ...Unter Solvabilität versteht man die erforderliche Mindesthöhe an Eigenmitteln, die ein Versicherungsunternehmen nachweisen muss, um die dauernde Erfüllbarkeit der Verträge sicherzustellen. ...

- Einräumungs-Fußnoten (*Concessive footnotes*)

In solchen Fußnoten korrigiert der Autor (vor allem generalisierende) Aussagen des Haupttextes, um Missverständnissen vorzubeugen.

(x) «Zunächst werden einzelne Kriterien der Risikoberichterstattung im Lagebericht analysiert. Die Kriterien werden anschließend zu einer Gesamtbeurteilung der Qualität der **Risikoberichte**[1] im Lagebericht zusammengefasst.» (Bungartz, 72)

---

[1] Die Risikoberichterstattung im Lagebericht wird im folgenden als „Risikobericht" bezeichnet, auch wenn die Analyse der Geschäftsberichte ergibt, dass sich dieser Begriff in der Praxis noch nicht durchgesetzt hat; **lediglich 13% der untersuchten Unternehmen verwenden den Begriff „Risikobericht"** für die Risikoberichterstattung in ihrem Lagebericht.

- Erläuterungs-Fußnoten (*Notation footnotes*)

Hier erfolgt eine Erklärung von verwendeten Begriffen und Symbolen. Die Erläuterungs-Fußnote führt im Gegensatz zur Definitions-Fußnote keine neuen Begriffe ein, sondern gibt zusätzliche Informationen zu verwendeten Darstellungsweisen.

(x) «Schiefe und Kurtosis sind Maße, die die Form einer Verteilung beschreiben. Die Schiefe ist ein Maß für die Asymmetrie der Verteilung ... Die Kurtosis (auch Exzess oder Wölbung genannt) quantifiziert das Ausmaß, mit dem sich Beobachtungen bei gegebener Standardabweichung um einen zentralen Punkt häufen. Die Werte für Schiefe und Kurtosis sind Null, wenn die beobachtete Verteilung exakt einer Normalverteilung entspricht. **Nehmen Schiefe und Kurtosis Werte von größer als 1,645** [2] **an, liegt im allgemeinen eine Verteilung vor, die signifikant von einer Normalverteilung verschieden ist**.» (Eigermann, 224)

---

[2] **der Wert von 1,645 errechnet sich bei einem Signifikanzniveau von 10%,** das allgemein für die Entscheidung über die Anwendung parametrischer Verfahren gefordert wird, ...

- Bewertungs-Fußnoten (*Evaluative footnotes*)

Hier bewertet der Autor fremde oder eigene Überlegungen. Bewertungsfußnoten sind ausführlicher als Hinweisfußnoten und gehen konkreter auf bestimmte Fragestellungen ein.

(x) «**Der Beratungsprozess lässt sich**, wie jede andere betriebswirtschaftliche Aktivität, **in die drei Phasen Planung, Realisation und Überwachung einteilen.**[1]» (Hunecke, 113)

---

[1] Vgl. Lück, Wolfgang: Prüfung der Rechnungslegung – Jahresabschlussprüfung, München und Wien 1999. *Hirsch berücksichtigt bei seiner Untersuchung noch eine sog.* „**Pre-Consult-Phase**", die den Kontakt zwischen Berater und Beratenem, das Eintrittsstadium und das Akquisitionsstadium umfasst: vgl. Hirsch, Ingo. Betriebswirtschaftliche Beratung kleiner Unternehmen, Diss. Bamberg 1986, S. 188. **Die Pre-Consult-Phase soll** bei der Analyse der Stärken und Schwächen der Internen Revision in den Phasen des Beratungsprozesses **allerdings nicht berücksichtigt werden, da diese Phase nicht zum eigentlichen Beratungsprozess gehört.**

- Verweis-Fußnoten (Cross-referencing footnotes)

In ihnen erfolgen textinterne Vor- und Rückverweise („s. Kapitel 3 ...", „s.o.", „s.u." ...)

- Nachtrags-Fußnoten (Afterthought footnotes)

Mit derartigen Fußnoten wird erst später zur Kenntnis gelangtes Material eingearbeitet. Diese sollten in einer Dissertation nicht enthalten sein.

- Dankes-Fußnoten (Acknowledgement footnotes)

Referenzen an Fachkollegen sind bisweilen in Fachaufsätzen anzutreffen und werden nicht durch Zahlen, sondern durch Sternchen markiert. Im anglo-amerikanischen Schrifttum verbreitet, in deutschen Dissertationen bislang nicht gebräuchlich.

5.8.2 Berufung auf wissenschaftliche Autoritäten

Die Berufung auf Autoritäten ist eine der am häufigsten verwendeten Funktionen des Verweises auf andere Quellen. Sie hilft, wesentliche bestehende Erkenntnisse in knapper Form in die eigene Argumentation einzubeziehen:

(x) «Im Zusammenhang mit dem klassischen Modell der Zusammenstellung eines Wertpapierportefeuilles bei einperiodigem Planungshorizont und Erwartungsnutzenmaximierung des Endvermögens **hat Ohl-**

son gezeigt, dass man zu einer vollständigen Präferenzordnung für kostenlose Informationssysteme gelangen kann, die unabhängig von den persönlichen Präferenzen der Eigenkapitalgeber ist.» (Großer, 41)

Der genannte Wissenschaftler wird hier als Instanz, nicht als Person zitiert. Die namentliche Anführung stellt alleine ein Stilmittel zur Verstärkung und Hervorhebung einer Feststellung dar und steht zu der üblichen Deagentivierung und Entpersönlichung der Wissenschaftssprache nicht in Widerspruch. Zudem braucht die angerufene Autorität nicht unbedingt im Text, sondern kann auch in einer Fußnote benannt werden:

(x) «**Die herrschende Meinung**[6] sieht in der Qualifikation des Internen Revisors als Generalist mit Spezialwissen in bestimmten Bereichen die beste Möglichkeit einer effizienten Durchführung der Revisionsaufgaben.» (Hunecke, 76)

---

[6] Vgl. u.a. Lück, ..., Peemöller, ... Geiger, ...Zünd, ...Blattmann, ...Euler ...

An diesem Beispiel wird die Entpersönlichung der Wissenschaftssprache besonders deutlich. Hier werden gleich mehrere renommierte Wissenschaftler in einem Oberbegriff („herrschende Meinung") abstrahiert.

5.8.3 Demonstration von Wissen und Kompetenz

In einer Dissertation kann das Thema trotz des hohen wissenschaftlichen Anspruches nicht bis in die letzten Verästelungen dargelegt werden. Sehr häufig wird daher auf detaillierte Fakten, die – obgleich wichtig und von Interesse – für das Verständnis des Zusammenhanges aber nicht zwingend erforderlich sind, in Fußnoten hingewiesen. Das Zitieren hat also neben der Funktion der Berufung auf Autoritäten weitere Funktionen:

- die Entlastung des Textes um erläuternde Fakten, die – im Falle ihrer Aufführung im Text – zu einer Informationsüberladung der Argumentation führen würden, aber dessen ungeachtet das Fachwissen des Autors zum Ausdruck bringen

- die explizite Demonstration von Faktenwissen und Urteilsvermögen des Autors.

Während die Entlastungsfunktion des Zitierens von (weniger wichtigen) Fakten auf die Universalien der Effizienz und der Ökonomie der Wissenschaftssprache zurückzuführen ist, erfolgt die Darstellung des hochrelevanten oder neuartigen Faktenwissens systematisch im Text, so dass dies als eine weitere Form der Invarianzbildung, d.h. als anerkannte Standardisierung in wissenschaftlichen Texten anzusehen ist.[72]

Neben den bereits dargestellten Mitteln zur Inszenierung von „Expertenschaft" oder „Fachkompetenz" hat der Autor hier die Möglichkeit, seine „Sachkompetenz" im Sinne des Beeindruckens durch Faktenwissen zur Geltung zu bringen. Dies spielt insbesondere bei Promotionen eine Rolle, deren Überlegungen durch Praxiserfahrungen gestützt werden können, weil in diesem Fall der kompetente Autor mit den (bislang unbekannten) Fakten identifiziert wird.

Die wahrscheinlich häufigste Ausprägung der Inszenierung von Sachkompetenz ist die Vielzahl von Erläuterungen und Anmerkungen, die in Doktorarbeiten als Fußnoten „eingestreut" werden. So nutzen viele Doktoranden eine Möglichkeit, umfassendes Wissen und Belesenheit zu dokumentieren, ohne dabei aufdringlich zu wirken. Dazu zwei Beispiele:

(x) «Die Stellung und die Aufgaben der Internen Revision **in kleineren und in mittleren Unternehmen** unterscheiden sich zum Teil erheblich von der Stellung und den Aufgaben der Internen **Revision in großen Unternehmen**[1]» (Hunecke, 148)

1) **zur Abgrenzung** von kleinen, mittleren und großen Unternehmen vgl. ...

In diesem Beispiel wird das für die weiteren Ausführungen notwendige Wissen in einer Fußnote belegt, um den folgenden Text auf seine

---

72 Vgl. Antos, Gerd: Sprachliche Inszenierungen von „Expertenschaft" am Beispiel wissenschaftlicher Abstracts, in: Jakobs, Eva-Maria u.a. (Hrsg.): Wissenschaftliche Textproduktion. Mit und ohne Computer, Frankfurt am Main 1995, S. 113-127, hier S. 124 f.

wesentlichen Aussagen zu konzentrieren. Damit wird zum Ausdruck gebracht, dass die Darstellungen im Rahmen der Doktorarbeit über das notwendige Grundwissen auf dem Themengebiet hinausgehen.

(x) «Wie bereits mehrfach angemerkt, **liegen die Daten** zur Ableitung möglicher Kennzahlen in bestehenden Organisationen **in der Regel in inhomogener Form vor**, d.h. die Daten werden entweder in organisatorisch getrennten Bereichen oder in unterschiedlichen DV-Systemen ermittelt und gespeichert. **Daher ist es zunächst notwendig**, aus den vorliegenden inhomogenen Datenformaten **eine** einheitliche, **homogene Datenbasis zu schaffen**, aus der sich die gewünschten Kennzahlen im Rahmen von gezielten Auswertungen generieren lassen. Dies kann sowohl über ein **Data Warehouse**[1] und/oder mittels einer **Enterprise Application Integration-Lösung**[2] erfolgen, sofern die betreffenden Systeme **schnittstellenfähig** sind.» (Schäfer, 158)

Das Faktenwissen wird hier dargestellt, indem zunächst auf die allgemeinen Bedingungen der Datenerhebung hingewiesen wird („ ... liegen die Daten ... in der Regel ... in inhomogener Form vor, ...). Nach der Feststellung der daraus sich ergebenden Notwendigkeit (eingeleitet durch das Signalwort „Daher") wird direkt zu den dafür erforderlichen Fachbegriffen übergeleitet, die jeweils in Fußnoten erläutert werden. Allein in der Nennung der in diesem Zusammenhang relevanten Fachbegriffe kommt die Kompetenz der Autorin zum Ausdruck.

Die Demonstration von Faktenwissen und Sachkompetenz erfolgt unprätentiös und unaufdringlich, um den Autor als souveränen Kenner der Materie auszuweisen.

5.9 Kritik am typisch deutschen Wissenschaftsstil

Englisch hat sich zur «lingua franca» der internationalen Wissenschaftskommunikation entwickelt, so dass es nahe liegt, die Merkmale von Texten deutschsprachiger Autoren mit denen englischsprachiger Autoren zu vergleichen. Dabei konnte eine Reihe auffälliger Unterschiede festgestellt werden, die in der folgenden Abbildung dargestellt und anschließend grafisch veranschaulicht werden.[73]

Kriterium	Englischsprachige Autoren	Deutschsprachige Autoren
Linearität	Weitgehend lineare Folge der Propositionen, Abschnitte und Texte	Texte weisen Exkurse und Abschweifungen auf
Symmetrie	Texte sind häufig „symmetrisch", d.h. ihre Teile sind gleich lang	Textteile sind oft verschieden lang („asymmetrisch")
Hierarchische Gliederung	Mehr Koordination	Mehr Subordination
Kontinuität	Textteile sind häufiger verbunden; oft abschließende Zusammenfassungen	Höherer Grad an Diskontinuität; weniger Zusammenfassungen
Integration	Daten, Abbildungen und Tabellen werden meist erläutert, in den Text integriert	Daten etc. stehen z.T. im Anhang oder werden unerläutert eingebaut
Definitionen	Definitionen des Themas und alle wichtigen Begriffe stehen am Textanfang	Definitionen fehlen teilweise, oft werden sie erst im Text entwickelt

Abb. 17: Lineare (typisch englische) und abschweifende (typisch deutsche) Struktur von Wissenschaftstexten

---

73 Vgl. Graefen, Gabriele: Wissenschaftstexte im Vergleich, in: Brünner, Gisela/ Graefen, Gabriele (Hrsg.): Texte und Diskurse. Methoden und Forschungsergebnisse der funktionalen Pragmatik, Opladen 1994, S. 137-157, hier S. 142 und 147

Als Ergebnis dieses interkulturellen Vergleiches resultiert eine äußerst kritische Wertung für den deutschen Schreibstil:
- der idealtypische deutsche Autor legt wenig Wert darauf, wohlgeordnete Texte zu schreiben, weil er die Linearitätsnorm nicht einhält
- sein Text enthält nicht nur themenrelevante Ausführungen, sondern auch Abschweifungen
- er schreibt stärker monologisch als sein idealtypischer englischer Kollege
- er schreibt nicht für den Leser, sondern um der Sache willen, wobei er dem Leser die Verantwortung für das Verständnis des Textes aufbürdet
- er mystifiziert Wissenschaft und die Bedeutung des Wissenschaftlers.

Diese Kritik ist mit Sicherheit weit übertrieben. Sie veranschaulicht dem Verfasser einer Dissertation aber eindrucksvoll die komplexen Anforderungen des intellektuellen Schreibstils in der deutschsprachigen Wissenskultur.[74]

---

74 Vgl. dazu Vollmer, Hans-Ulrich/Lauterbach, Andrea: Erfolgreich extern promoviert werden als Steuerberater/Wirtschaftsprüfer, Sternenfels 2005

6. Überarbeitung und Textgestaltung

Grafische Computer- und Multimediaprogramme sind inzwischen allgegenwärtig und bieten eine Vielzahl von Möglichkeiten zur Visualisierung von Texten.[75] Die Berücksichtigung der komplexen Zusammenhänge zwischen

- Textinhalt
- dem äußeren Erscheinungsbild des Textes und
- der spezifischen Rolle einzelner Visualisierungen (Darstellungen, Abbildungen, Tabellen)

schafft die Voraussetzungen, nicht nur die Textverständlichkeit, sondern auch das visuelle Erscheinungsbild der Doktorarbeit zu optimieren. Die Überarbeitung wissenschaftlicher Texte geht weit über redaktionelles Korrekturlesen und die Erfüllung von Formatierungsnormen hinaus. Die Entfaltung der Argumentation macht es erforderlich, die sprachlich-inhaltliche und die visuelle Textdimension zu integrieren. Schreib- und Gestaltungsprozeduren sind Teil eines Prozesses, der die Textinhalte mit dem Ziel einer erhöhten Verständlichkeit verändern soll. Dies führt

- auf der lokalen Ebene der einzelnen Wörter und Sätze (Textoberfläche) zu besserer Verständlichkeit und Lesbarkeit
- auf der mittleren Ebene der einzelnen Textabschnitte (Textmikrostruktur) zu einer Verbesserung der Gestaffeltheit und Überschaubarkeit
- auf der globalen Ebene des Gesamttextes (Textmakrostruktur) zu besserer Nachvollziehbarkeit und Zugänglichkeit.[76]

---

75 Vgl. Sauer, Christoph: Visualisierung inbegriffen: Textüberarbeitung und Umgestaltung, in: Jakobs, Eva-Maria/Knorr, Dagmar (Hrsg.): Schreiben in den Wissenschaften, Frankfurt am Main 1997, S. 91-106, hier S. 91 ff.
76 Zu den Grundlagen vgl. Sauer, Christoph: Ein Minimalmodell zur Verständlichkeitsanalyse und -optimierung, in: Spillner, Bernd (Hrsg.): Sprache: Verstehen und Verständlichkeit, Frankfurt am Main 1995, S. 149-71

Abschnitte oder Unterabschnitte können durch schematische Darstellungen erläutert bzw. ergänzt werden. Visualisierungen und textbildliche Hervorhebungen – wie sie in wissenschaftlichen Texten üblich sind – erhöhen die Verständlichkeit, je näher sie am Textbild bleiben.

Abstrahierende Schaubilder sind grundsätzlich in den Text eingebettet. Zwar ziehen sie – entsprechend dem nonverbalen Verhalten und der Körpersprache bei der mündlichen Rede – die erste Beachtung des Lesers auf sich, ihre Bedeutung kann aber nur aus dem Text heraus beurteilt und begründet werden. Entscheidender als eine gelungene Darstellung ist für die Einschätzung der Bilder die Qualität des Textes. „Das fachliche Bild ‚ist' also nicht, sondern es wird ‚gemacht', es wird als ein fachliches konstituiert, und zwar von seinem sprachlichen Kontext und fachlichen Handlungsumfeld."[77]

Abbildungen in Dissertationen sind deshalb auch keine Bilder im eigentlichen Wortsinne, sondern grafische Veranschaulichungen von Zusammenhängen, z.B.

- Überblicksdarstellungen/Systematiken/Prinzipien/mathematische Funktionsverläufe
- Phasen und Prozesse
- Modelle/Strukturen/Verfahren/Systeme
- Vergleiche (Gegenüberstellungen)
- Empirische Verteilungen
- Beispiele

So wie Abbildungen keine Bilder enthalten, fungieren Tabellen in Dissertationen nicht nur als Wertetabellen, sondern vor allem als Textergänzung z.B. für

---

[77] Kalverkämper, Hartwig: Das fachliche Bild. Zeichenprozesse in der Darstellung wissenschaftlicher Ergebnisse, in: Schröder, Hartmut (Hrsg.): Fachtextpragmatik, Tübingen 1993, S. 215-238, hier S. 221

- Aufzählungen
- Klassifikationen
- Übersichten
- Checklisten

Der Gestaltungsspielraum von Abbildungen und Tabellen ist groß, ihre Einsatzmöglichkeiten sind vielfältig. Der Autor entscheidet,

- nach welchen Gesichtspunkten er seinen Text um Abbildungen und Tabellen ergänzt
- wie viele Darstellungen er in seinen Text integriert
- an welchen Stellen im Text er diese anordnet
- welche Bildunterschriften er wählt.

Jeder Autor kann damit seine eigene wissenschaftliche Bildkultur erschaffen und seine eigene Kommunikationskultur realisieren. „Wenn Texte mit Bildern zusammen auftreten, von Bildern einverleibt oder selbst zu Bildern werden, dann wächst auch Schrift über sich selbst hinaus."[78]

---

78 Schmitz, Ulrich: Schriftliche Texte in multimedialen Kontexten, in: Weingarten, Rüdiger: (Hrsg.): Sprachwandel durch Computer, Opladen 1997, S. 131-158, hier S. 144

7. Die Einleitung und der Schlussteil

Der Schlussteil und die Einleitung reflektieren den Inhalt der Doktorarbeit. Die Einleitung hat primär leserführende Funktion und enthält Angaben zur Problemstellung, zum Aufbau der Arbeit, zur Vorgehensweise der Untersuchung und zum Ziel der Arbeit, ohne dabei Ergebnisse vorwegzunehmen. Der Schlussteil stellt eine kritische Auseinandersetzung mit den Forschungsergebnissen des Hauptteils der Doktorarbeit dar, indem er die Ergebnisse bewertet, einordnet, relativiert sowie gegebenenfalls Ansatzpunkte für weitere Forschungsaktivitäten benennt. Obschon Einleitung und Schluss völlig unterschiedlichen Zwecken dienen, sind sie über die Problemstellung (Bestandteil der Einleitung) und deren Lösung (Beurteilung des Geleisteten im Schlussteil der Doktorarbeit) über den Hauptteil hinweg inhaltlich miteinander verbunden. Aufgrund des gesamttextreflektorischen Charakters dieser beiden Elemente einer Doktorarbeit haben sich für Einleitung und Schluss stereotype Darstellungsmuster herausgebildet, die in allen Doktorarbeiten mehr oder minder einheitlich angewendet werden.

7.1 Der Aufbau der Einleitung

Der Zweck der Einleitung besteht darin, dem interessierten Leser eine Vorstellung über den Inhalt der Doktorarbeit zu vermitteln. Erweiterter Problemzusammenhang, Aktualität und Notwendigkeit der Arbeit, Forschungsstand, die eigene Vorgehensweise und das Forschungsziel sind daher Bestandteil jeder Einleitung. Darüber hinaus enthalten Einleitungen oft Ausführungen, die für das Vorverständnis des Themas von Bedeutung sind. Dies führt zu folgenden Variationsmöglichkeiten bei der Konzipierung der Einleitung:

> **Grundform**
>
> 1. Einleitung
>   1.1 Problemstellung
>   1.2 Zielsetzung der Arbeit
>   1.3 Aufbau der Untersuchung

> **Variationen/ Erweiterungen**
>
> 1.x Begriffliche Grundlagen/Abgrenzungen (Herbold, Gilbert, Obermayr)
> 1.x Literaturüberblick (Dietel, Hunecke)
> 1.x Forschungsfragen und Forschungsansatz (Kästle, Rathje)
> 1.x Wissenschaftstheoretische Einordnung (Engel)

Abb. 18: Möglichkeiten zur Gliederung der Einleitung

Die Einleitung stellt erheblich mehr dar als eine nur kurze Inhaltsangabe zur Orientierung des interessierten Lesers. Sie löst das Dissertationsthema aus dem übergeordneten Forschungskomplex heraus und bereitet die Erreichung des Forschungszieles vor, indem der Anspruch des Themas auf ein bewältigbares Maß begrenzt wird. Einleitungskapitel sind nicht notwendig sehr kurz, sondern können in Einzelfällen eine Länge von bis zu 30 Seiten bzw. mehr als 10% des Gesamttextvolumens erreichen. Üblich ist jedoch ein Textumfang von weniger als 10 Seiten und weniger als 5% der Gesamtseitenzahl der Doktorarbeit.

7.2 Der Schlussteil der Doktorarbeit

Der Schlussteil verlangt vom Autor, die von ihm in der Doktorarbeit erbrachte Leistung soweit wie möglich distanziert zu beurteilen; er agiert als sein eigener Kritiker, indem er den Versuch unternimmt, die in der Einleitung aus einem übergeordneten Zusammenhang herausgelöste und präzisierte Problemstellung hinsichtlich des durch die Arbeit erreichten Beitrages zum Erkenntnisfortschritt darzustellen. Der Schlussteil beinhaltet Aussagen zu folgenden Aspekten, wobei die Ausführungen nicht unbedingt entsprechend untergliedert zu sein brauchen:

- Zusammenfassung der Argumentationslinien
- aus der Untersuchung gewonnene wichtige Erkenntnisse
- Schlussfolgerungen

Entsprechend dem Erfordernis der Themenstellung werden die gewählte Vorgehensweise retrospektiv dargestellt und die jeweils mit den einzelnen Untersuchungsschritten verbundenen Intentionen nochmals verdeutlicht.

(x) «Im ersten Teil der Analyse galt es, einen **Überblick über die einzelnen relevanten Bestandteile des Untersuchungsobjektes** zu erhalten. Aufgrund der ausgeprägten Heterogenität nicht nur beider Marktseiten, sondern auch des Leistungsbündels selbst, **erfolgte eine partialanalytische Systematisierung der einzelnen Strukturelemente. Dabei wurden**, wie auch im weiteren Verlauf der Arbeit, insbesondere **Aspekte angesprochen, die** nach hier vertretener Auffassung **im gegenwärtigen Schrifttum in zu geringem Umfang** oder ungenügenderweise **behandelt werden.** ...» (Engel, 339)

(x) «**Es wurde herausgearbeitet,** dass die langfristige Existenz der Bausparkassen einen gleichmäßigen Geldeingang in das Bausparkollektiv erfordert. ...» (Deglow, 205)

(x) «**Im Verlauf der Arbeit wurde deutlich, dass die Diskursethik sich zur Austragung von Konflikten ... besonders eignet**, ... Im Hinblick auf die Durchführung praktischer Diskurse in international tätigen Unternehmen, hat sich gezeigt, dass das Prinzip **dezentraler Diskurse die Chancen für konsensuale Konfliktregelungen eindeutig erhöht.** ...» (Gilbert, 263)

(x) «**Die Untersuchung hat gezeigt,** dass eine uneingeschränkte Maßgeblichkeit der IAS/IFRS zu einer Vielzahl von Verstößen gegen die entscheidungsrelevanten Zielkriterien der Unternehmensbesteuerung de lege lata führen würde. **Andererseits ist aber auch deutlich geworden,** dass die IAS/IFRS dem geltenden Steuerrecht in einigen Regelungsbereichen sogar ähnlicher als das bisherige Handelsrecht sind. ... **Ex cathedra kann eine Maßgeblichkeit** der IAS/IFRS für die steuerliche Gewinnermittlung **jedenfalls nicht ausgeschlossen werden.**» (Dietel, 265)

Die Autorenpflicht zur Bescheidenheit bei der Beurteilung der eigenen Leistung – wie die präsentierten Beispiele zeigen – hat möglicherweise dazu geführt, dass die Ergebnisse der wissenschaftlichen Mühen von Doktorarbeiten fallweise in Thesenform präsentiert werden können. Darin könnte eine Möglichkeit bestehen, zentrale Erkenntnisse und Schlussfolgerungen in plakativer Form zum Ausdruck zu bringen und den Autor zugleich gegen eine allzu relativierende Darstellung seiner Forschungsleistung bzw. mögliche Kritik an den Erkenntnissen abzusichern.

8. Veröffentlichung

Vom Autor her gesehen, kann Publikation – wo auch immer – „Publikation" sein. Die Doktorarbeit geht in Archive und Forschungsdienste ein, der geistige Besitz ist für die Nachwelt gesichert und dokumentiert. Praktisch gelangt eine im Selbstverlag oder als Book on Demand, als Mikrofiche oder als elektronische Ausgabe veröffentlichte Doktorarbeit i.d.R. jedoch nicht in den Hauptstrom des Forschungsmarktes. Allein schon aus Zeitmangel nehmen produktive Forscher und interessierte Praktiker ausschließlich Veröffentlichungen in Spitzenjournalen und renommierten Wissenschaftsverlagen wahr. Die Mühen einer Dissertation haben jedoch mehr verdient als den Charakter unpublizierter oder bestenfalls grauer Literatur zu erlangen. Nicht zuletzt wegen der tragbaren Kosten sollte es keine Frage sein, die abgeschlossene Arbeit in einem renommierten Verlag zu veröffentlichen.

Am Ende des Dissertationsprozesses konzentriert sich das Interesse des Doktoranden auf zwei Bereiche: die form- und fristgerechte Einreichung der Arbeit sowie die Sicherstellung einer möglichst zeitnah auf die mündliche Prüfung folgende Veröffentlichung. Aus folgenden Gründen ist es nahe liegend, einen qualifizierten Fachverlag bereits in die Gestaltung der einzureichenden Prüfungsexemplare einzubeziehen:

- durch Vorlage eines entsprechenden Verlagsvertrages reduziert sich die Anzahl der beim Prüfungsamt einzureichenden Exemplare

- aufgrund der in Vorbereitung befindlichen Verlagsveröffentlichung haben die Mitglieder der Prüfungskommission bereits eine implizit positive Vorstellung vom Gesamterscheinungsbild der Arbeit

- der besser zu planende Aufwand der technischen Herstellung der Arbeit ermöglicht dem Verlag gezielte Aktivitäten zur Vorankündigung des Titels, Aufnahme in Verlagsverzeichnisse, Platzierung von Rezensionen in der Fachpresse und Vorabgestaltung des Einbandes als Werbeträger

Neben den formalen Anforderungen hochschulinterner Gestaltungsrichtlinien für Dissertationen (z.B. Schriftart, Schriftgröße, Fußnotenformatierung, Paginierungsvorschriften, Bindung, ehrenwörtliche Erklärung) sollten bereits die Prüfungsexemplare höchsten technischen Ansprüchen genügen, da die Arbeit für eine gewisse Zeit an der Fakultät ausliegen muss und mindestens der Prüfungsvorsitzende, manchmal auch der Zweitgutachter erst die eingereichte Fassung zu Gesicht bekommt, anhand derer sich sein Urteil bildet. Es sollte also bereits hier professionelle Hilfe in Anspruch genommen werden, um der mündlichen Doktorprüfung möglichst gelassen entgegensehen zu können.

Inhaltlich darf zwischen der eingereichten Textfassung der Dissertation und der Veröffentlichung als Buch kein Unterschied bestehen. Bei der Buchveröffentlichung bestehen jedoch Variationsmöglichkeiten im Rahmen der durch den Verlag vorgegebenen Formatierungsrichtlinien. Völlig frei ist der Autor bei der Gestaltung von Vor- und Nachworten und von Einbandtexten. Darüber hinaus bestehen Gestaltungsmöglichkeiten beim Layout, z.B. Farbdruck, Gestaltung überformatiger Einzeldarstellungen, Bucheinlagen oder spezielle Umschlageindrucke. Die veröffentlichte Dissertation wird zur speziellen Visitenkarte ihres Autors.

9. Quellen

Antos, Gerd: Sprachliche Inszenierungen von „Expertenschaft" am Beispiel wissenschaftlicher Abstracts, in: Jakobs, Eva-Maria u.a. (Hrsg.): Wissenschaftliche Textproduktion. Mit und ohne Computer, Frankfurt am Main 1995, S. 113-127

Baumann, Klaus-Dieter: Die interdisziplinäre Analyse rhetorisch-stilistischer Mittel der Fachkommunikation als ein Zugang zum Fachdenken, in: Ehlich, Konrad/Heller, Dorothee (Hrsg.): Die Wissenschaft und ihre Sprachen, Bern 2006, S. 191-226

Baumann, Klaus-Dieter: Emotionen in der Fachkommunikation: Ein kommunikativ-kognitiver Untersuchungsansatz, in: Baumann, Klaus-Dieter/Kalverkämper, Hartwig (Hrsg.): Pluralität in der Fachsprachenforschung, Tübingen 2004, S. 83-119

Becker, Howard S.: Die Kunst des professionellen Schreibens: Ein Leitfaden für die Geistes- und Sozialwissenschaften, Frankfurt/Main/New York 1994

Beneš, Eduard: Die formale Struktur der wissenschaftlichen Fachsprache in syntaktischer Hinsicht, in: Bungarten, Theo (Hrsg.): Wissenschaftssprache, München 1981, S. 185-212

Brand, Kaspar: Fußnoten und Anmerkungen als charakteristisches Element wissenschaftlicher Darstellungsformen, untersucht am Beispiel der Sprachwissenschaft, in: Danneberg, Lutz/Niederhauser, Jürg (Hrsg.): Darstellungsformen der Wissenschaften im Kontrast. Aspekte der Methodik, Theorie und Empirie, Tübingen 1998, S. 213-240

Brauner, Detlef Jürgen/Vollmer, Hans-Ulrich: Erfolgreiches wissenschaftliches Arbeiten. Seminararbeit – Bachelor-/Masterarbeit (Diplomarbeit) – Doktorarbeit, 3. Aufl., Sternenfels 2008

Bungartz, Oliver: Risk Reporting. Anspruch, Wirklichkeit und Systematik einer umfassenden Risikoberichterstattung deutscher Unternehmen, Sternenfels 2003

Deglow, Sven: Vertriebs-Controlling in Bausparkassen. Aufgaben und Instrumente einer Controlling-Konzeption zur Koordination der Vertriebswege, Sternenfels 2003

Dietel, Marco: International Accounting Standards/International Financial Reporting Standards und steuerliche Gewinnermittlung. Möglichkeiten für eine modifizierte Maßgeblichkeit, Sternenfels 2004

Dietz, Gunther: Titel in wissenschaftlichen Texten, in: Hoffmann, Lothar u.a.: Fachsprachen, Berlin 1998, S. 617-624

Ehlich, Konrad: 18 Thesen zum Deutschen als Wissenschaftssprache in: Debus, Friedhelm u.a.: Deutsch als Wissenschaftssprache im 20. Jahrhundert, Stuttgart 2000, S. 273-276

Ehlich, Konrad: Schreiben für die Hochschule, in: Ehlich, Konrad u.a. (Hrsg.): Schreiben für die Hochschule. Eine annotierte Bibliographie, Frankfurt am Main usw. 2000, S. 1-17

Ehrenstein, Astrid von: Dauerschuldzinsen auf versicherungstechnische Rückstellungen, Sternenfels 2003

Eigermann, Judith: Quantitatives Credit-Rating unter Einbeziehung qualitativer Merkmale, Sternenfels 2002

El-Sakran, Tharwat Mohamed El-Sayed: Footnotes in Academic Written Discourse: A Formal and Functional Analysis, Diss. University of Wales Bangor 1990

Engel, Ronald: Seed-Finanzierung wachstumsorientierter Unternehmensgründungen, Sternenfels 2003

Fischer, Almut/Moll, Melanie: Der Sprachkurs „Wissenschaftssprache Deutsch": Ein Angebot speziell für ausländische Studierende, in: Redder, Angelika (Hrsg.): „Effektiv studieren". Texte und Diskurse an der Universität, Osnabrücker Beiträge zur Sprachtheorie (OBST), Beiheft 12, Juni 2002, S. 41-54

Fricke, Harald: Zur gesellschaftlichen Funktion humanwissenschaftlicher Fachsprachen, in: Bungarten, Theo (Hrsg.): Wissenschaftssprache und Gesellschaft, Tostedt 1989, S. 62-75

Gilbert, Dirk Ulrich: Konfliktmanagement in international tätigen Unternehmen, Sternenfels und Berlin 1998

Glinz, Hans: Raum, Zeit, Sprache. Pragmatisches, Grammatisches, Textaufbau, in: Hagemann, Jörg/Sager, Sven F. (Hrsg.): Schriftliche und mündliche Kommunikation. Begriffe – Methoden – Analysen. Festschrift zum 65. Geburtstag von Klaus Brinker, Tübingen 2003

Graefen, Gabriele: Der wissenschaftliche Artikel. Textart und Textorganisation, Frankfurt am Main u.a. 1997

Graefen, Gabriele: Wissenschaftstexte im Vergleich, in: Brünner, Gisela/ Graefen, Gabriele (Hrsg.): Texte und Diskurse. Methoden und Forschungsergebnisse der funktionalen Pragmatik, Opladen 1994, S. 137-157

Großer, Christina: Erfolgsrechnung von Versicherungsunternehmen nach IAS, Sternenfels 2001

Guckelsberger, Susanne: Mündliche Referate in universitären Lehrveranstaltungen. Diskursanalytische Untersuchungen im Hinblick auf eine wissenschaftsbezogene Qualifizierung von Studierenden, München 2005

Haenel, Andreas: Die Erstellung von Kapitalflußrechnungen – Probleme und Lösungsvorschläge, Sternenfels und Berlin 1998

Hahn, Walther von: Fachkommunikation. Entwicklung – Linguistische Konzepte – Betriebliche Beispiele, Berlin/New York 1983

Heinemann, Wolfgang/Viehweger, Dieter: Textlinguistik. Eine Einführung, Tübingen 1991

Henke, Michael: Strategische Kooperationen im Mittelstand. Potentiale des Coopetition-Konzeptes für kleinere und mittlere Unternehmen, Sternenfels 2003

Herbold, Isabel: Personalberatung und Executive Search – Instrumente der Führungskräftesuche, Sternenfels 2002

Hesse, Helmut: Deutsch als Wissenschaftssprache aus der Sicht eines Nationalökonomen, in: Debus, Friedhelm u.a.: Deutsch als Wissenschaftssprache im 20. Jahrhundert, Stuttgart 2000, S. 277-282

Hoffmann, Lothar: Das fachinterne Gutachten zu wissenschaftlichen Arbeiten, in: Hoffmann, Lothar u.a.: Fachsprachen, Berlin 1998, S. 500-504

Hunecke, Jörg: Interne Beratung durch Interne Revision. Herausforderung und Chance für den Berufsstand der Internen Revisoren, Sternenfels 2003

Hüning, Wolfgang: Der Paragraph als pragmatische Einheit zwischen Satz und Text, in: Linguistik und Didaktik 11/1980, S. 295-318

Kalverkämper, Hartwig: Das fachliche Bild. Zeichenprozesse in der Darstellung wissenschaftlicher Ergebnisse, in: Schröder, Hartmut (Hrsg.): Fachtextpragmatik, Tübingen 1993, S. 215-238

Kästle, Lars M.: Post Merger Supply Management. Neue Perspektiven für die Theorie und Praxis des Supply Management im Fusionsintegrationsprozess, Sternenfels 2004

Keseling, Gisbert: Schreibprozeß und Textstruktur. Empirische Untersuchungen zur Produktion von Zusammenfassungen, Tübingen 1993

Korhonen, Riitta/Kusch, Martin: The Rhetorical Function of the First Person In Philosophical Texts – The Influence of Intellectual Style, Paradigm and Language, in: Kusch, Martin/Schröder, Hartmut (Hrsg.): Text – Interpretation – Argumentation, Hamburg 1989, S. 61-78

Krause, Wolf-Dieter: Text, Textsorte, Textvergleich, in: Adamzik, Kirsten: Textsorten: Reflexionen und Analysen, Tübingen 2000, S. 45-76

Kretzenbacher, Heinz: Rekapitulation. Textstrategien der Zusammenfassung von wissenschaftlichen Fachtexten, Tübingen 1990

Krönert, Björn: Grundsätze informationsorientierter Rechnungslegung. Eine Untersuchung über die Erfüllung der Informationsfunktion von Jahresabschlüssen durch die US-GAAP, Sternenfels 2001

Kruse, Otto/Jakobs, Eva-Maria: Schreiben lehren an der Hochschule: Ein Überblick, in Kruse, Otto u.a. (Hrsg.): Schlüsselkompetenz Schreiben, Neuwied 1999, S. 19-34

Kutschera, Frank: Kommunales Debt Management als Bankdienstleistung, Sternenfels 2003

Laurén, Christer/Nordmann, Marianne: Wissenschaftliche Technolekte, Frankfurt am Main usw. 1996

Lausberg, Heinrich: Handbuch der literarischen Rhetorik: eine Grundlegung der Literaturwissenschaft, Stuttgart 1990

Lauterbach, Andrea: Revision im Informationsmanagement, Sternenfels 1999

Lepenies, Wolf: Die Notwendigkeit des Jargons – Zur Fachsprache der Soziologie, in: Kalverkämper, Hartwig/Weinrich, Harald (Hrsg.): Deutsch als Wissenschaftssprache, Tübingen 1986, S. 125-128

Lorenz, Wolfgang: Zum Problem der semantischen Schichten in wissenschaftlichen Texten, in: Kusch, Martin/Schröder, Hartmut (Hrsg.): Text – Interpretation – Argumentation, Hamburg 1989, S. 54-60

Lüßmann, Lars-Gerrit: Unternehmenskontrolle, Kapitalmärkte und Fair Value Accounting, Sternenfels 2004

Motsch, Wolfgang/Viehweger, Dieter: Illokutionsstruktur als Komponente einer modularen Textanalyse, in: Brinker, Klaus (Hrsg.): Aspekte der Textlinguistik, Hildesheim usw. 1991, S. 107-132

Nettelbeck, Joachim: Deutsch in internationalen Wissenschaftseinrichtungen, in: Debus, Friedhelm u.a.: Deutsch als Wissenschaftssprache im 20. Jahrhundert, Stuttgart 2000, S. 105-124

Neugebauer, Udo: Unternehmensethik in der Betriebswirtschaftslehre. Vergleichende Analyse ethischer Ansätze in der deutschsprachigen Betriebswirtschaftslehre, Sternenfels 1998

Obermayr, Gerhard: Die Konzernrevision in der Management-Holding, Sternenfels 2002

Oksaar, Els: Gutes Wissenschaftsdeutsch. Perspektiven der Bewertung und Problemlösungen, in: Kalverkämper, Hartwig/Weinrich, Harald (Hrsg.): Deutsch als Wissenschaftssprache, Tübingen 1986, S. 100-118

Oldenburg, Hermann: Das Problem der Normung von Fachtextsorten, in: Kalverkämper, Hartwig/Baumann, Klaus-Dieter (Hg.): Fachliche Textsorten. Komponenten – Relationen – Strategien, Tübingen 1996, S. 541-53

Pabst-Weinschenk, Marita: Gut argumentiert ist halb gewonnen: Diskutieren lernen, in: Kruse, Otto (Hrsg.): Handbuch Studieren, Berlin/New York 1998, S. 224-237

Paek, Solja: Die sprachliche Form hypothetischen Denkens in der Wissenschaftssprache, München 1993

Panther, Klaus-Uwe: Einige typische indirekte sprachliche Handlungen im wissenschaftlichen Diskurs, in: Bungarten, Theo (Hrsg.): Wissenschaftssprache.

Beiträge zur Methodologie, theoretischen Fundierung und Deskription, München 1981, S. 231-60

Pieth, Christa/Adamzik, Kirsten: Anleitungen zum Schreiben universitärer Texte in kontrastiver Perspektive, in: Adamzik, Kirsten/Antos, Gerd/Jakobs, Eva-Maria (Hrsg.): Domänen- und kulturspezifisches Schreiben, Frankfurt am Main 1997, S. 31-70.

Polenz, Peter von: Über die Jargonisierung von Wissenschaftssprache und wider die Deagentivierung, in: Bungarten, Theo (Hrsg.): Wissenschaftssprache, München 1983, S. 85-110

Popovič, Tobias: Die Wertschöpfung von E-Commerce-Unternehmen und ihre zweckadäquate Bewertung aus Perspektive des Aktienresearch, Sternenfels 2004

Punkki, Marja/Schröder, Hartmut: Argumentative Strukturen in russischsprachigen Texten der Gesellschaftswissenschaften – Beispiele für paradigmatisch bedingte Argumentation und deren Sprachmittel, in: Kusch, Martin/Schröder, Hartmut (Hrsg.): Text – Interpretation – Argumentation, Hamburg 1989, S. 110-125

Rathje, Stefanie: Unternehmenskultur als Interkultur. Entwicklung und Gestaltung interkultureller Unternehmenskultur am Beispiel deutscher Unternehmen in Thailand, Sternenfels 2004

Rudolph, Elisabeth: Argumentationsfiguren in der Wissenschaftssprache, in: Jongen, René u.a. (Hrsg.): Sprache, Diskurs und Text, Tübingen 1983, S. 191-201

Rudolph, Elisabeth: Argumentative Strukturen in der Wissenschaftssprache, in: Petöfi, Janos (Hrsg.): Texte und Sachverhalte, Hamburg 1983

Sandig, Barbara: Formulieren und Textmuster – Am Beispiel von Wissenschaftstexten, in: Jakobs, Eva-Maria/Knorr, Dagmar (Hrsg.): Schreiben in den Wissenschaften, Frankfurt am Main 1997, S. 24-44

Sauer, Christoph: Ein Minimalmodell zur Verständlichkeitsanalyse und -optimierung, in: Spillner, Bernd (Hrsg.): Sprache: Verstehen und Verständlichkeit, Frankfurt am Main 1995, S. 149-171

Sauer, Christoph: Visualisierung inbegriffen: Textüberarbeitung und Umgestaltung, in: Jakobs, Eva-Maria/Knorr, Dagmar (Hrsg.): Schreiben in den Wissenschaften, Frankfurt am Main 1997, S. 91-106

Schäfer, Manuela A.E.: Prozessgetriebene multiperspektivische Unternehmenssteuerung. Beispielhafte Betrachtung anhand der deutschen Bausparkassen, Sternenfels 2004

Schmitz, Ulrich: Schriftliche Texte in multimedialen Kontexten, in: Weingarten, Rüdiger: (Hrsg.): Sprachwandel durch Computer, Opladen 1997, S. 131-158

Schröder, Hartmut: „Ich sage das einmal ganz ungeschützt" – Hedging und wissenschaftlicher Diskurs, in: Danneberg, Lutz/Niederhauser, Jürg (Hrsg.): Darstellungsformen der Wissenschaften im Kontrast. Aspekte der Methodik, Theorie und Empirie, Tübingen 1998, S. 263-276

Schwanzer, Viliam: Syntaktisch-stilistische Universalia in den wissenschaftlichen Fachsprachen, in: Bungarten, Theo (Hrsg.): Wissenschaftssprache. Beiträge zur Methodologie, theoretischen Fundierung und Deskription, München 1981, S. 213-30

Seibicke, Wilfried: Fachsprachen in historischer Entwicklung, in: Besch, Werner u.a. (Hrsg.):Sprachgeschichte. Ein Handbuch zur Geschichte der deutschen Sprache und ihrer Erforschung. 2 Halbbände, Berlin-New York 1984-1985, 2. Halbband, S. 1998-2008

Steffelbauer-Meuche, Gisela: Qualitätsmanagement in der Internen Revision, Sternenfels 2004

Ueding, Gert: Rhetorik des Schreibens. Eine Einführung, Weinheim 1996

Van Dijk, Teun A./Kintsch, Walter: Strategies of Discourse Comprehension, Orlando 1983

Van Dijk, Teun A.: Textwissenschaft. Eine interdisziplinäre Einführung, München 1980

Vollmer, Hans-Ulrich/Lauterbach, Andrea: Erfolgreich extern promoviert werden als Steuerberater/Wirtschaftsprüfer, Sternenfels 2005

Weingarten, Rüdiger: Zur Stilistik der Wissenschaftssprache: Objektivität und Handlungsstil, in: Brünner, Gisela/ Graefen, Gabriele (Hrsg.): Texte und Diskurse. Methoden und Forschungsergebnisse der funktionalen Pragmatik, Opladen 1994, S. 115-135

Weinrich, Harald: Formen der Wissenschaftssprache, in: Jahrbuch 1988 der Akademie der Wissenschaften zu Berlin, Berlin 1989, S. 119-158

Werder, Lutz von: Grundkurs des wissenschaftlichen Schreibens, Berlin/Milow 1995

Werder, Lutz von: Kreatives Schreiben in den Wissenschaften, Berlin/Milow 1995

Werder, Lutz von: Kreatives Schreiben von Diplom- und Doktorarbeiten, Berlin/Milow 1998

Wrobel, Arne: Schreiben als Handlung. Überlegungen und Untersuchungen zur Theorie der Textproduktion, Tübingen 1995

Online-Ressourcen:

Titel	Erfolgsfaktoren von Projekten [Elektronische Ressource] : ein Beitrag zur Weiterentwicklung einer empirisch abgesicherten Problemdiagnostik und Erfolgsprognose von Projekten / Stefanie Müller
Verfasser	Müller, Stefanie
Erscheinungsjahr	2007
Umfang/Format	Online-Ressource
Anmerkungen	Langzeitarchivierung gewährleistet
Hochschulschrift	Hannover, Univ., Diss., 2007
Persistent Identifier	urn:nbn:de:gbv:089-5464402908
URL	Archivserver der Deutschen Nationalbibliothek
	http://edok01.tib.uni-hannover.de/edoks/e01dh07/546440290.pdf
Sachgruppe	330 Wirtschaft ; 370 Erziehung, Schul- und Bildungswesen

Titel	Indikatoren einer diversity-gerechten Unternehmenskultur [Elektronische Ressource] / von Christine Watrinet
Verfasser	Watrinet, Christine
Erscheinungsjahr	2007
Umfang/Format	Online-Ressource
Anmerkungen	Langzeitarchivierung gewährleistet
Hochschulschrift	Karlsruhe, Univ., Diss., 2007
Persistent Identifier	urn:nbn:de:swb:90-69588
URL	Archivserver der Deutschen Nationalbibliothek
	http://digbib.ubka.uni-karlsruhe.de/volltexte/documents/3102
Sachgruppe	330 Wirtschaft

Titel	Konzepte und Realisierung einer kontextbasierten Intranet-Suchmaschine [Elektronische Ressource] / vorgelegt von Christoph M. Mangold
Verfasser	Mangold, Christoph M.
Erscheinungsjahr	2007

Umfang/Format	Online-Ressource
Anmerkungen	Langzeitarchivierung gewährleistet
Hochschulschrift	Stuttgart, Univ., Diss., 2007
Persistent Identifier	urn:nbn:de:bsz:93-opus-33000
URL	Archivserver der Deutschen Nationalbibliothek
	http://elib.uni-stuttgart.de/opus/volltexte/2007/3300/pdf/Mangold_kontextbasierte_Intranetsuche.pdf
Sachgruppe	004 Informatik

Titel	Arbeitsstile in der Softwareentwicklung [Elektronische Ressource]: wie die Einführung neuer Methoden in kleinen Softwareunternehmen gelingt! / von Andrea Sieber
Verfasser	Sieber, Andrea
Erscheinungsjahr	2007
Umfang/Format	Online-Ressource
Anmerkungen	Langzeitarchivierung gewährleistet
Hochschulschrift	Chemnitz, Techn. Univ., Diss., 2007
Persistent Identifier	urn:nbn:de:bsz:ch1-200700014
URL	Archivserver der Deutschen Nationalbibliothek
	http://archiv.tu-chemnitz.de/pub/2007/0001/SieberDiss.pdf
Sachgruppe	004 Informatik ; 390 Ethnologie

Index

Abschnitt 43, 60, 61, 65, 75, 99, 117, 120
Abstraktion 24, 42, 92, 94, 99
Adressat 11, 22, 92, 96
Adressaten 24, 27, 37, 38, 85, 92, 97, 103, 106, 107
Alltagskommunikation 102
Alltagssprache 23, 24, 79
Appellationsfunktion 20
Argumentation 16, 28, 30, 47, 56, 60, 61, 63, 64, 65, 78, 79, 80, 81, 82, 84, 89, 90, 95, 98, 101, 105, 109, 113, 114, 119
Aufbau 11, 14, 28, 42, 50, 55, 63, 71, 79, 89, 123, 124
Autorität 16, 25, 77, 113, 114
Basisliteratur 34
Bedenken 57
Bedeutung 18, 23, 30, 33, 43, 51, 55, 58, 61, 63, 68, 69, 70, 71, 72, 74, 77, 78, 84, 91, 93, 98, 99, 111, 118, 120, 123
Begründung 24, 28, 30, 55, 84, 89, 90
Bekräftigung 98
Belege 28, 51, 77, 89
Bestätigung 57
Betonen 57
Beurteilung 27, 30, 40, 43, 56, 57, 76, 84, 100, 123, 126
Deagentivierung 92, 99, 114
Deduktion 51, 56, 80, 91
Deiktische Ausdrücke 59, 75
Deixis 74, 75
Denkrichtung 95, 98
Disposition 43, 44, 45, 46
Dreigliederung 45
Eigenstruktur 37, 42, 48, 49
Einbettung 37, 38
Einleitung 11, 40, 43, 64, 92, 123, 124, 125
Einstieg 67

Einzigartigkeit 18
Erkenntnis 11, 12, 13, 14, 65, 68, 97, 104, 109, 113, 125, 126
Ersetzungsregeln 42
Erstinformation 17
Expansion 50, 86
Expertenschaft 25, 70, 115
Fachsprache 11, 20, 23, 27, 30
Fachsprache, Fachtext 11, 22-23, 27, 63, 103, 104
Fachtext 99
Fachtitel 17, 18, 19, 20
Feedback 68
Flexibilität 22
Folgerung 11, 56, 62, 80, 81, 91
Formulierung 17, 19, 20, 30, 33, 34, 42, 53, 60, 63, 64, 68, 69, 71, 73, 74, 77, 78, 92, 94, 97, 100, 109
Forschung 15, 106
Forschungsergebnisse 11, 17, 26, 37
Forschungshypothesen 51
Fünfschrittmuster 47, 82
Fußnoten 58, 108, 109, 110, 111, 112, 113, 114, 115, 116
Gegenargumente 88, 90, 94, 98
Generalisieren 42
Gesamttext 48, 50, 63, 64
Gestaltungsvarianten 46
Gewichtung 51
Gliederung 28, 42, 43, 46, 50, 51, 54, 55, 56, 57, 58, 60, 62, 63, 89, 106, 117, 124
Großmuster 21
Grundwissen 29, 116
Handlungshierarchie 52, 53
Hauptteil 43, 44, 45, 123
Hedges 102
Hedging 100, 101, 102
Hervorhebung 34, 73, 74, 89, 105, 114, 120
Hypothesen 12, 56, 77
Ich-Tabu 97, 98

Idealisierung 81
Identifikation 20, 37
Induktion 51, 56
Inhalt 20, 33, 37, 123
Inszenierung 25, 69, 115
Intention 53, 58, 106, 125
Interesse 13, 51, 65, 69, 70, 72, 91, 114, 127
Interpretation 46
Intertextualität 108
Invariante 65, 77
Invarianz 48, 49
Kapitelstruktur 62
Kette 84, 88
Klarheit 23, 104
Kohärenz 53, 63, 64
Kommunikation 17, 20, 22, 28, 78, 104
Kompetenz 16, 25, 26, 28, 70, 71, 72, 86, 99, 111, 114, 116
Kompositionsregeln 30
Komprimierungsfunktion 19
Konnektoren 58, 59
Kontext 24, 58, 79, 89, 93, 105, 120
Konventionen 13, 14, 20
Korrekturlesen 119
Kriterium 24, 25, 47, 48, 51, 58, 61, 95, 112, 117
Kritik 98, 100, 101, 116, 118, 126
Kunstsprache 24
Layout 128
Lesbarkeit 64, 119
Lesbarkeit, Leser 11, 21, 55, 60, 62, 72, 75, 80, 104, 120, 124
Leser 12, 17, 20, 21, 37, 52, 54, 55, 63, 64, 65, 69, 72, 79, 84, 89, 90, 91, 95, 96, 99, 101, 104, 105, 108, 111, 118, 123
Literatur 13, 35, 108, 109, 127
Logik 28, 33, 80, 89
Markieren 34
Maßstab 29, 102
Mechanismen 102
Meinungsäußerung 57, 97

Metaphern 24, 70, 72, 105
Metaphorik 70
Methode 12, 31, 40, 55, 91, 97, 100, 117
Methodik 19
Mittelteil 44, 45
Modell 44, 97, 113, 120
Muster 22, 30, 43, 45, 88
Mustertraditionen 25
Nominalisierungen 70, 73
Normen 24, 27, 30
Nummerierung 55, 57
Oberbegriff 114
Objektivierung 91, 93
Objektivität 91, 97
Öffentlichkeit 11, 67
Operationalisierung 90
Ordnen 30
Orientierung 13, 16, 53, 62, 75, 77, 124
Orientierungsrahmen 47
Partikel 89
Passiv 22, 75, 92, 93
Performative, verdeckte 95, 96
Poesie 23, 24
Pol 44
polar angeordnete Gedanken 44
Position 15, 26, 71, 75, 88, 104
Prämissen 89
Praxis 15, 16, 17, 37, 39, 60, 68, 69, 75, 79, 80, 102, 112
Präzisierung 74
Problemstellung 16, 30, 37, 39, 40, 43, 45, 47, 50, 68, 123, 124, 125
Prozeduren 33
Publikation 19, 127
Qualität 22, 51, 108, 112, 120
Quellen 13, 26, 27, 28, 33, 34, 51, 77, 108, 113
Querverweise 64
Rahmen 12, 18, 28, 40, 50, 56, 59, 61, 94, 101, 116, 128
Rationalität 91, 109
Rechtfertigung 92, 100

Rede, indirekte 94
Referenz 20, 71, 113
Referenzfunktion 18
Reihenfolge 50, 51, 55, 58, 80
Rekurrenz 55
Relation 55, 110
Rezensionen 127
Rezeptionshilfen 70
Rezeptionssteuerung 69, 70
Rhetorik 14, 27, 28, 43, 54
Rhetorische Kompetenz 27
Rohfassungen 67
Rückverweise 63, 113
Schlussteil 96, 123, 125
Schreiben, wissenschaftliches 30
Schreibprobleme 21
Selbstreflexion 11
Sequentierung 57, 58
Sequenzmuster 54
Sequenzpositionen 54
Signal 59, 89, 90, 103
Signalisierung 90, 101
Stil 24, 33
Stilistik 28
Stilkompetenz 27, 28
Stilmittel 13, 24, 77, 91, 95, 99, 103, 104, 107, 114
Teilhandlungen 52
Text 11, 12, 13, 17, 18, 19, 20, 21, 25, 26, 27, 28, 30, 31, 33, 34, 35, 37, 42, 48, 50, 53, 54, 55, 58, 60, 62, 63, 65, 67, 68, 69, 72, 74, 77, 78, 79, 80, 89, 91, 92, 94, 97, 98, 99, 100, 102, 108, 114, 115, 116, 117, 118, 119, 120, 121
Textabschnitt 55, 56, 62, 64, 89, 119
Textanfang 75, 117
Textarchitektur 27
Textart 13, 21, 22
Textaufbau 24, 70, 72, 75
Textebene 57, 58
Texteigenschaften 55
Texteinheit 55, 58, 68
Texten 17
Textfassung 128
Textganze 64
Textgestaltung 119
Textgliederung 30, 59
Textinhalt 17, 103, 119
Textkohärenz 8, 52, 63
Textmakrostruktur 14, 42, 50, 64, 119
Textmikrostruktur 13, 14, 50, 89, 119
Textmusterwissen 30
Textnutzung 38
Textoberfläche 13, 14, 119
Textpassage 53, 68
Textpassagen 10, 33, 34, 35, 57, 76
Textplanung 27
Textproduktion 8, 13, 25, 26, 35, 53, 55, 67, 69, 115
Textprozess 7, 21
Textreferenz 55
Textrekurrenz 61
Textrevision 31
Textsegment 55
Textsegmente 55
Textsortenkompetenz 28
Textstruktur 25, 47
Textstrukturierung 73
Textteile 33, 53, 64, 117
Textumfang 124
Textzusammenhang 73
Thema 33, 37, 39, 51, 54, 62, 64, 68, 82, 114
Thematisierung 96
Themen 13
Themenentfaltung 37, 42, 48, 49, 61, 65
Themengebiet 116
Themenstellung 18, 33, 48, 110, 125
Theorie 16, 17, 37, 39, 69, 80, 91, 97
Thesen 80, 81, 82, 97, 109
Tiefenstruktur 21, 79

Tilgungsregeln 42
Titel 17, 18, 19, 20, 68
Überarbeitung 77, 119
Überblicksartige Formulierungen 77
Überschaubarkeit 62, 119
Überschrift 17, 53, 54, 58, 62, 64, 65, 89
Universalien, der Wissenschaftssprache 23, 74, 102, 115
Unterabschnitte 62, 120
Unterkapitel 50, 89
Unterpunkte 63, 65
Vermittelbarkeit 52, 54
Vermittlungsstrategie 54
Veröffentlichung 18, 77, 91, 127, 128
Verständlichkeit 12, 13, 33, 52, 119, 120
Verständnis 12, 21, 34, 50, 51, 55, 58, 78, 96, 103, 107, 114, 118
Vertextungsstrategie 47
Verwendung von Passivsätzen 93
Vorgangspassiv 93
Vorgehensweise 21, 39, 42, 47, 60, 75, 96, 99, 100, 110, 123, 125
Vorverständnis 123
Wahrheitsgehalt, einer Aussage 101

Widerspruch 24, 80, 114
Wissenschaft 11, 12, 13, 20, 21, 22, 23, 24, 25, 27, 28, 30, 77, 78, 91, 94, 95, 99, 102, 116, 117, 118, 127
Wissenschaftler 12, 78, 91, 97, 114
wissenschaftlich 12, 13, 14, 16, 17, 20, 22-27, 29, 30, 43, 54, 55, 65, 68, 73, 77, 78, 79, 80, 81, 88, 89, 91, 92, 94, 95, 97, 98, 99, 100-104, 107, 108, 113-115, 119-121, 126
Wissenschaftssprache 10, 11, 12, 13, 22, 23, 24, 73, 77, 79, 80, 81, 91, 92, 93, 95, 97, 98, 99, 102, 114, 115
Zeitmangel 127
Zielsetzung 14, 24, 39, 50, 89, 124
Zitieren 114
Zusammenfassung 11, 17, 22, 39, 43, 45, 46, 56, 64, 65, 76, 97, 125
Zusammenhang 33, 37, 39, 42, 53, 62, 64, 68, 69, 86, 90, 110, 113, 116, 125
Zusammenhänge 16, 28, 50, 51, 61, 91, 105, 119
Zusatzüberlegungen 110

Printed by Libri Plureos GmbH
in Hamburg, Germany